Bewusste Entscheidungen in schwierigen Lebenssituationen treffen

Katrin Hötzel
Ruth von Brachel

Bewusste Entscheidungen in schwierigen Lebenssituationen treffen

Ein Ratgeber

hogrefe

Dr. Katrin Hötzel, geb. 1980. 2000–2006 Studium der Psychologie in Bochum. 2006–2009 Ausbildung zur Psychologischen Psychotherapeutin (Verhaltenstherapie). 2009 Approbation. Seitdem Psychologische Psychotherapeutin im Forschungs- und Behandlungszentrum für psychische Gesundheit der Ruhr-Universität Bochum sowie Dozentin an unterschiedlichen Ausbildungsinstituten und Universitäten. 2014 Promotion. Seit 2014 Zusatzqualifikation zur Behandlung von Kindern und Jugendlichen sowie staatlich anerkannte Supervisorin. Seit 2014 geschäftsführende Leitung der Psychotherapie-Ausbildung an der Ruhr-Universität Bochum.

Dr. Ruth von Brachel, geb. 1983. 2001–2006 Studium der Psychologie in Münster. 2007–2010 Ausbildung zur Psychologischen Psychotherapeutin (Verhaltenstherapie). 2010 Approbation. Seitdem Psychologische Psychotherapeutin im Forschungs- und Behandlungszentrum für psychische Gesundheit der Ruhr-Universität Bochum sowie Dozentin an unterschiedlichen Ausbildungsinstituten und Universitäten. 2014 Promotion. Seit 2014 Postdoc am Lehrstuhl für Klinische Psychologie sowie Klinische Kinder- und Jugendpsychologie der Ruhr-Universität Bochum. Seit 2018 staatlich anerkannte Supervisorin.

Bibliografische Information der Deutschen Nationalbibliothek
Die Deutsche Nationalbibliothek verzeichnet diese Publikation in der Deutschen Nationalbibliografie; detaillierte bibliografische Daten sind im Internet über http://dnb.dnb.de abrufbar.

Hogrefe Verlag GmbH & Co. KG
Merkelstraße 3
37085 Göttingen
Deutschland
Tel. +49 551 999 50 0
Fax +49 551 999 50 111
info@hogrefe.de
www.hogrefe.de

Umschlagabbildung: © iStock.com by Getty Images / jax10289
Satz: Sabine Rosenfeldt, Hogrefe Verlag GmbH & Co. KG, Göttingen
Druck: mediaprint solutions GmbH, Paderborn
Printed in Germany
Auf säurefreiem Papier gedruckt

1. Auflage 2022

(E-Book-ISBN [PDF] 978-3-8409-3156-7; E-Book-ISBN [EPUB] 978-3-8444-3156-8)
ISBN 978-3-8017-3156-4
https://doi.org/10.1026/03156-000

Inhaltsverzeichnis

1 Einleitung

„An den Scheidewegen des Lebens stehen keine Wegweiser.“

Charlie Chaplin

Wie das Zitat von Charlie Chaplin verdeutlicht, stehen viele von uns im Leben irgendwann vor schwierigen Entscheidungen, bei denen wir nicht die Möglichkeit haben, alles bis ins letzte Detail zu durchdenken. Erschwerend kommt häufig hinzu, dass die möglicherweise gravierenden Auswirkungen einer solchen Entscheidung zumeist nicht rückgängig gemacht werden können. Ob in zwischenmenschlichen Beziehungen, im Job, in der Freizeit oder bezogen auf die eigene Gesundheit, um ein paar Beispiele zu nennen: Oft würde man sich wünschen, einen Blick in die Zukunft werfen zu können, um die Entscheidung im Nachgang nicht zu bereuen.

Beispiele für schwierige Entscheidungen:

- Partnerschaftskonflikt bzw. Trennung (z. B. „Möchte ich mich von meinem Partner[1] trennen?“),
- Berufliche Umorientierung bzw. Kündigung einer Anstellung (z. B. „Will ich meinen Beruf aufgeben und eine neue Tätigkeit in Angriff nehmen?“),
- Schwangerschaftsabbruch (z. B. „Soll ich abtreiben oder das Kind bekommen?“),
- Outing im Falle von Homosexualität (z. B. „Will ich mich outen?“),
- Gesundheitliche Entscheidungen (z. B. „Soll ich diesen medizinischen Eingriff zulassen?“),
- Ändern problematischer Verhaltensweisen (z. B. „Soll ich das Rauchen aufgeben, weniger Alkohol trinken oder mein Essverhalten ändern?“).

---

1 Zugunsten einer besseren Lesbarkeit werden im Text Personen in der Regel in der männlichen Form benannt. Damit sind alle Geschlechter (m/w/d) gleichermaßen gemeint. Die verkürzte Sprachform hat nur redaktionelle Gründe und beinhaltet keine Wertung. Wenn möglich, wurde eine geschlechtsneutrale Formulierung gewählt.

Manche Entscheidungen schieben wir monate- bis sogar jahrelang auf, weil wir uns nicht festlegen können oder wollen. Ein derartiger Aufschub mag oft kurzfristig befreiend wirken, langfristig hinterlässt er jedoch in der Regel Spuren und stellt eine psychische Belastung dar: Ängste, Traurigkeit, Ärger, Schlafstörungen, Konzentrationsprobleme oder Gereiztheit stellen häufige Konsequenzen dar.

Grundsätzlich scheint es bessere und schlechtere Zeitpunkte für bedeutsame Veränderungen zu geben und manchmal ist es vielleicht eine Lösungsmöglichkeit, auf einen guten Zeitpunkt zu warten. Andererseits vergeht so manchmal wertvolle Lebenszeit. Für all diejenigen, die den Entscheidungsprozess etwas beschleunigen möchten, ist dieser Ratgeber gedacht. Wir hoffen, Sie dabei unterstützen zu können, in schwierigen Lebenssituationen eine gut begründete und dadurch nachhaltige Entscheidung zu treffen.

2 Welche Aspekte haben einen Einfluss auf den Entscheidungs- bzw. Veränderungsprozess?

Ob und wie wir uns entscheiden, hängt von mehreren Faktoren ab. Diese sind uns bei unterschiedlichen Entscheidungen bzw. Veränderungen mehr oder weniger bewusst. Es ist in vielerlei Hinsicht normal und auch durchaus gesund, dass manche wichtige Entscheidungen Zeit brauchen und z. B. eine gewisse Zeit „reifen" müssen.

2.1 Problembewusstsein

Viele Menschen empfinden bestimmte persönliche Eigenschaften oder Verhaltensweisen nur deshalb als Problem, weil sie dadurch in Konflikte mit anderen Personen bzw. äußeren Gegebenheiten geraten (z. B. mit dem Partner, den Eltern, dem Hausarzt oder dem Arbeitgeber). Das Verhalten an sich wird als weitestgehend unproblematisch gesehen, die zwischenmenschlichen Schwierigkeiten erschweren jedoch das Leben. Betroffene erleben häufig, dass ihnen „gute Ratschläge" erteilt werden, was an ihrem Verhalten usw. problematisch ist und was entsprechend richtig zu tun bzw. zu verändern wäre. Ein sozialpsychologisch gut untersuchtes Phänomen als Reaktion auf derartigen Druck von außen ist die sogenannte *Reaktanz:* Menschen versuchen, ihren als eingeengt wahrgenommenen Handlungsspielraum wiederherzustellen.

> **Beispiel**
>
> „Sport ist Mord – da mache ich es mir mit meinen paar Kilos zu viel lieber auf dem Sofa gemütlich."

Dies ist eine normale, menschliche Reaktion auf die wahrgenommene Einschränkung der persönlichen Freiheit. Sie führt in der Regel dazu, dass sich die Person in ihrem Status quo festigt und weniger für eine Veränderung bereit ist (Trotzreaktion: „Jetzt erst recht nicht!"). Der Veränderungsprozess stagniert also bzw. wird unwahrscheinlicher, wenn sich die Person von außen bedrängt sieht.

Beispiel

„Mein Vater hat jahrelang regelmäßig Alkohol getrunken und ist steinalt geworden. Diese Vorgaben, was gesund ist und was nicht, sind doch total übertrieben. Wer hält sich schon daran?"

Die Ursache für ein geringes Problembewusstsein kann u.a. in einem Mangel an Informationen liegen: Wenn ich beispielsweise nicht weiß, dass ein bestimmtes Ernährungsverhalten im Regelfall bestimmte gesundheitliche Konsequenzen nach sich zieht, kann ich für dieses Ernährungsverhalten auch kein Problembewusstsein entwickeln. Wenn ich diese Informationen aber erhalte, sind sie möglicherweise zur Entwicklung eines Problembewusstseins hilfreich. Wichtig ist dann nur, dass diese Informationen so objektiv wie möglich sind und nicht als bedrängende Empfehlung oder gar Drohung wahrgenommen werden.

Im persönlichen Gespräch (z.B. in einer Therapie) ist eine akzeptierende, wertschätzende Haltung des Gesprächspartners und die Wahrung der Autonomie des Betroffenen deshalb von großer Bedeutung. Im Entscheidungsprozess stellt ein derartiger Rahmen außerdem eine gute Basis dafür dar, dass von der Person selbst wahrgenommene Nachteile des eigenen Verhaltens angesprochen werden. Häufig verbirgt sich hinter einem zunächst nach außen hin wirkenden mangelnden Problembewusstsein im tiefsten Inneren doch eine gewisse Ambivalenz, weil trotz aller positiver Aspekte des eigenen Verhaltens auch Kosten bzw. Nachteile bemerkt werden.

Fazit

Wenn Sie Ihr „Problem", welches möglicherweise nur von außen als ein solches gesehen wird, noch einmal genauer unter die Lupe nehmen möchten, dann sollte dies durch *objektives Abwägen* geschehen, unabhängig von einem möglichen äußeren Druck.

Strategien, welche der Auseinandersetzung mit dem (vermeintlichen) Problem dienen, werden in Kapitel 4 beschrieben.

2.2 Erlebte Kosten und Nutzen

Ein sehr wichtiger Punkt für das Treffen einer Entscheidung besteht in dem Verhältnis der wahrgenommenen Vorteile (Pros) und Nachteile (Contras) der jeweiligen Veränderung. Man kann sich die Argumente für und gegen eine Verhaltens- oder Einstellungsänderung wie eine „Entscheidungswaage" vorstellen, mit der Bezeichnung „einerseits" und „andererseits" für die zwei Waagschalen. So lange die beiden Waagschalen als ausgewogen erlebt werden, fällt das Treffen einer Entscheidung schwer. Die Aussage „Zwei Seelen wohnen, ach! in meiner Brust" aus Goethes „Faust – der Tragödie erster Teil" wird häufig als Ausdruck eines solchen Dilemmas genutzt: Man fühlt sich zerrissen bzw. ambivalent, hin- und hergerissen zwischen der Veränderung und der Beibehaltung des Status quo.

Die Ambivalenz ist häufig durch sogenannte Zielkonflikte bedingt. Ein Zielkonflikt besteht dann, wenn mindestens zwei Ziele gleichzeitig bestehen, aber eine Annäherung an das eine Ziel eine Entfernung von dem anderen bedeutet und umgekehrt. Dabei können die Ziele sowohl funktional (d.h. gesund) als auch dysfunktional (d.h. ungesund) sein:

Beispiele

- „Ich habe die berufliche Chance auf ein spannendes Leben im Ausland, was mich unheimlich reizt. Und gleichzeitig habe ich große Angst davor, dass meine sehr innige Partnerschaft daran zerbricht."
- „Ich würde ja gerne mit dem Rauchen aufhören! Aber Rauchen hilft mir einfach so gut, bei Stress runterzukommen."

Viele Menschen verharren lange in derartigen Zielkonflikten bzw. in solcher Ambivalenz. Meist besteht die Schwierigkeit darin, eine konkrete Entscheidung zu treffen und sie nicht weiter aufzuschieben. Häufig ist den Betroffenen dabei nicht bewusst, dass sie die Entscheidung nicht einfach nicht treffen, sondern mit jedem Tag weiter aufschieben und sich täglich für die Beibehaltung des Status quo entscheiden.

Um eine Entscheidung für oder gegen die Veränderung treffen zu können, müssen uns demnach die Vor- und Nachteile bewusst sein und wir müssen sie gut abwägen. Wird sie nichtsdestotrotz weiterhin aufgeschoben (und der Status quo zunächst beibehalten), kann es auch hilfreich sein, sich die Konsequenzen des Aufschubs vor Augen zu führen.

Fazit

Wenn Sie eine Entscheidung für oder gegen die Veränderung treffen möchten, müssen Sie die Argumente dafür und dagegen gut kennen und die „Waage" letztlich in eine Richtung „zum Kippen" bringen.

Strategien, welche der Auseinandersetzung mit der Ambivalenz bzw. der Forcierung einer Entscheidung dienen, finden Sie in Kapitel 5.

2.3 Ziele und Werte

Der Leuchtturm

Stellen Sie sich eine Person vor, die sich in einem Boot auf dem offenen Meer befindet. Es ist Nacht und in der Dunkelheit wühlt ein Unwetter mit Sturm und Regen das Meer auf. Das Boot wird wie ein Spielball in den Wellen umhergeworfen. Die Person bemüht sich, es zu steuern, aber ohne eine Orientierung in der Dunkelheit erscheint jeder Versuch dieser Art sinnlos. Plötzlich entdeckt die Person in der Ferne ein Licht. Es kommt von einem Leuchtturm, der zwar nur mit Mühe durch das Unwetter und die Dunkelheit zu scheinen vermag, aber er strahlt stetig und bietet eine sichere Orientierung. Der Kampf mit den Wellen und das Manövrieren ergibt plötzlich wieder einen Sinn, weil die Richtung klar ist.

Werte helfen uns dabei, zu erkennen, was uns im Leben wirklich wichtig ist oder sein sollte. Durch die Orientierung an ihnen können wir erkennen, welche Handlungen sinnvoll oder hilfreich sind und welche nicht. Zu wissen, welche Verhaltensweisen, Gedanken oder Gefühle mit unseren Werten kompatibel sind und welche nicht, kann demnach auch ein hilfreicher Richtungsweiser für Entscheidungen sein.

(Lebens-)Ziele haben eine ähnliche Wirkung wie Werte, allerdings sind sie in der Regel konkreter auf das Verhalten bezogen und werden – im Gegensatz zu Werten – im besten Fall irgendwann erreicht und damit „abgehakt".

Das damit im Zusammenhang stehende Streben nach Sinnstiftung (z. B. durch das Verfolgen von Werten und daraus abgeleiteten Zielen) kann wie ein Motor bei der Zielverfolgung wirken (z. B. Frankl, 2006). Wir Menschen sind motiviert, Verhaltensweisen zu verändern, zu unterlassen oder aufzunehmen, wenn wir darin einen höheren Sinn sehen, weil uns dies dann guttut (Huta & Ryan, 2010).

Fazit

Wenn Sie eine nachhaltige Entscheidung treffen möchten, sollte diese mit für Sie wichtigen Lebenszielen und Werten im Einklang stehen.

Strategien, die der Auseinandersetzung mit persönlichen Zielen und Werten dienen, werden in Kapitel 9 aufgezeigt.

2.4 Selbstwirksamkeit

Der Begriff der Selbstwirksamkeitserwartung geht auf den Psychologen Albert Bandura (1977) zurück. Er bezeichnet die Überzeugung einer Person, herausfordernde Situationen aufgrund der wahrgenommenen persönlichen Fähigkeiten erfolgreich bewältigen zu können. Eine von Banduras Erkenntnissen besteht darin, dass Menschen nur dann eine Handlung anstoßen, wenn sie dafür genügend Selbstwirksamkeitserwartung aufweisen. Der Glaube daran, seine persönlichen Ziele erreichen zu können, ist demnach sehr bedeutungsvoll, um überhaupt handeln zu können. Andererseits wird eine Person auch bei sehr erstrebenswerten Zielen nicht zu handeln beginnen, solange sie sich einfach nicht zutraut, das Ziel zu erreichen.

Beispiel

Schätzt eine Person also die angedachte Veränderung, z. B. ihren Job zu kündigen und sich beruflich neu zu orientieren oder ihren Lebenspartner zu verlassen und einen eigenständigen Neuanfang zu wagen, als durchaus erstrebenswert ein, sieht sich aber aufgrund ihrer Möglichkeiten (eigene Kompetenzen, soziale Unterstützung, finanzielle Möglichkeiten usw.) nicht in der Lage, dieses Ziel zu erreichen, wird sie laut der Theorie nicht aktiv werden, um die Veränderung anzugehen.

Im engen Zusammenhang mit Banduras Theorie stehen sogenannte Erwartung-mal-Wert-Modelle (z. B. Atkinson, 1957). Die Motivation für ein Verhalten ist demnach das Produkt aus folgenden Faktoren:

- Die Erwartung, dass das Verhalten zu einem bestimmten Ergebnis führt (Wahrscheinlichkeit; vergleichbar mit dem Konzept der Selbstwirksamkeit): „Schaffe ich das?"
- Die persönliche Bedeutung dieses Ergebnisses (Wert; vgl. auch Kapitel 2.3): „Ist es mir wichtig?"

Je wichtiger jemandem ein bestimmtes Ergebnis ist (Wert) und je mehr derjenige glaubt, das Ziel erreichen zu können (Erwartung), desto höher ist die Motivation. Geht jedoch einer der beiden Faktoren gen null, wird das Anstoßen einer Handlung zunehmend unwahrscheinlich. Dieser Grundgedanke lässt sich auf eine einfache Formel bringen:

$$\text{Erwartung} \times \text{Wert} = \text{Motivation für Verhalten}$$

Erstrebenswerte Veränderungen müssen uns dementsprechend nicht nur bedeutsam, sondern auch realisierbar im Sinne von erreich- und kontrollierbar erscheinen.

Fazit

Wenn Sie eine Entscheidung treffen bzw. eine Veränderung in die Tat umsetzen möchten, muss Ihnen diese zum einen sehr *wichtig* sein und zum anderen *machbar* erscheinen.

Für die Formulierung von (Teil-)Zielen ist daher wichtig, dass der erste Schritt, den Sie in Angriff nehmen, stimmig erscheint: Nicht zu leicht (also schon eine gewisse Herausforderung) und nicht zu schwer (sonst ist Misserfolg vorprogrammiert). Im Zusammenhang mit dem „stimmigen" Ziel wird auch von dem Goldilocks-Prinzip (aus der Geschichte „Goldlöckchen und die drei Bären") gesprochen, nämlich dem Prinzip des gesunden Mittelmaßes, wo es „gerade richtig" ist. „Gerade richtig" kann im übertragenen Sinne als stimmige Passung zwischen den Möglichkeiten einer Person und den in einer Situation gestellten Anforderungen verstanden werden.

Strategien, die an der Erhöhung der Selbstwirksamkeit ansetzen, finden Sie in Kapitel 10.

3 Die Stufen der Veränderung

Veränderungen erfolgen in mehreren Schritten und laufen bei allen Menschen, auch wenn die Inhalte sich unterscheiden mögen, nach einem ähnlichen Muster ab. Ein Modell zur Beschreibung dieser Schritte stellen die Phasen der Veränderung nach Prochaska und DiClemente (1984) dar.

3.1 Erläuterung des Modells

Diesem Modell zufolge durchlaufen wir unterschiedliche Phasen, bis wir die Veränderung tatsächlich absolvieren (vgl. Abbildung 1). Häufig gehen wir durch die eine oder andere Phase davon sogar mehrmals, z. B. wenn wir uns noch einmal umentscheiden oder wieder unschlüssig werden.

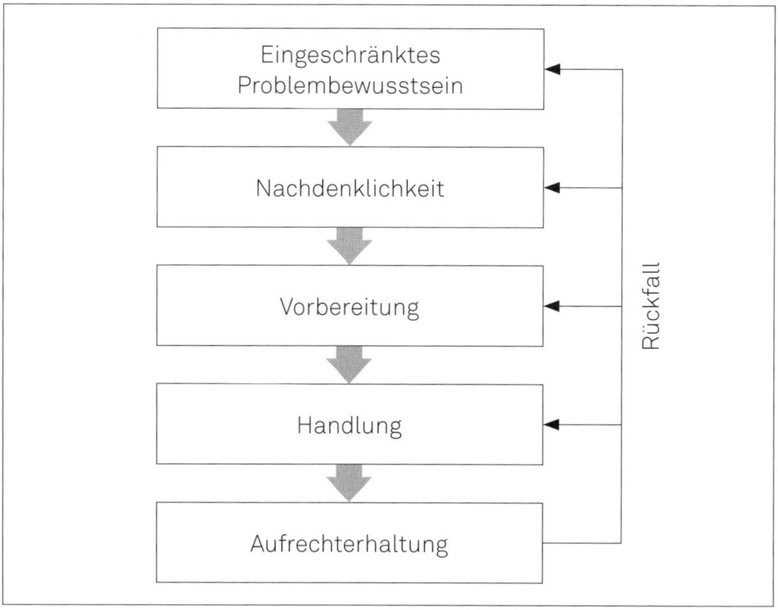

Abbildung 1: Die fünf Phasen der Veränderung (angelehnt an Prochaska & Di-Clemente, 1984)

Eingeschränktes Problembewusstsein. Die erste Phase, das eingeschränkte Problembewusstsein, zeichnet sich dadurch aus, dass einer Person ihr Problem gar nicht bewusst ist oder dass sie keine Veränderungsabsichten zeigt. Wenn es ihr dennoch schlecht geht, dann meint sie zumeist, dass es ausschließlich an anderen bzw. äußeren Umständen liegt. Eigene Anteile oder Einflussmöglichkeiten zu sehen, fällt vielleicht schwer und wird möglicherweise verdrängt. Manchmal fehlen an diesem Punkt auch Informationen, um eine Entscheidung überhaupt fundiert treffen zu können.

Beispiel

- „Mein Großvater war sein ganzes Leben lang starker Raucher und ist über 90 Jahre alt geworden. Diese Warnhinweise auf den Zigarettenpackungen sind völlig übertrieben und interessieren niemanden."

Nachdenklichkeit. In der darauffolgenden Phase der Nachdenklichkeit denkt die Person zwar über eine Veränderung nach, kann sich aber noch nicht entscheiden. Sie sieht sowohl Gründe für als auch Gründe gegen die Veränderung. Man kann sich bildlich eine Waage mit zwei Waagschalen vorstellen, wo keine der beiden Seiten klar überwiegt. Personen in dieser Phase sehen sich häufig in einer „Zwickmühle" oder fühlen sich ambivalent, also hin- und hergerissen zwischen zwei Möglichkeiten. Jede potenzielle Entscheidung scheint ein Kompromiss mit vielen Haken zu sein.

Beispiel

- „Ich würde total gerne die attraktive Arbeitsstelle annehmen, müsste dafür aber täglich über eine Stunde pendeln und hätte keine Zeit mehr, mich in meinem Sportverein zu engagieren, was ich eigentlich total gerne mache."
- „Ich weiß ja, dass ich weniger Alkohol trinken sollte. Aber nach einem Glas Rotwein am Abend, kann ich einfach besser einschlafen."

Vorbereitung. In der Phase der Vorbereitung, der dritten Phase, wird die Entscheidung für die Veränderung getroffen und die Weichen werden gestellt, d.h. die Person plant die Veränderung. Häufig äußern Personen in dieser Phase anderen Menschen gegenüber die Absicht, etwas in Angriff nehmen zu wollen, oder sie bereiten z.B. erste organisatorische Schritte für die Umsetzung vor.

Beispiele

- „Ehrlich gesagt merke ich zunehmend, dass es so in meiner Partnerschaft nicht weitergehen kann. Auch, wenn es sicherlich nicht leicht wird, möchte ich nichts unversucht lassen und mit meinem Mann eine Eheberatung aufsuchen."
- „Ich versuche es jetzt: Ich habe mir fest vorgenommen, am Wochenende die Zeitung hinsichtlich der Stellenangebote zu studieren und außerdem Montag beim Jobcenter anzurufen."

Handlung. In der vierten Phase, der Handlungsphase, wird die Veränderung tatsächlich in Angriff genommen. Auch wenn dabei Schwierigkeiten auftreten können, arbeitet die Person an ihrem Verhalten und/oder ihren Einstellungen.

Beispiele

- „Ich arbeite jetzt daran, mich in meiner WG mehr einzubringen und meine Mitbewohner beim Putzplan tatkräftig zu unterstützen."
- „Ich versuche jetzt immer wieder, mein perfektionistisches Denken aufzuweichen. Die Wohnung muss nicht immer blitzeblank sein, wenn jemand zu Besuch kommt."

Aufrechterhaltung. In der Phase der Aufrechterhaltung, der fünften und letzten Phase, wird die erzielte Veränderung dauerhaft gefestigt. Mit voranschreitender Zeit werden Erfolge stabiler und zunehmend die neue Normalität. Dementsprechend kann man Menschen kurz nach ihrer Veränderung in eine frühe Aufrechterhaltungsphase einordnen und viele Jahre danach in eine späte bzw. sehr stabile.

Beispiele

- „An die Blicke der anderen habe ich mich mittlerweile gewöhnt, wenn ich als Mann mit meinem Partner in der Öffentlichkeit auftauche. Direkt nach dem Outing fiel es mir schwer, aber seit einiger Zeit kann ich immer besser damit umgehen."
- „Die Menschen, die mich kennen, bieten mir auf Feiern schon lange kein alkoholisches Getränk mehr an, die wissen alle um meine Vergangenheit. Und wenn mir doch mal jemand ein Glas zum Anstoßen anbietet, lehne ich dankend ab. Das ist mir mittlerweile in Fleisch und Blut übergegangen."

Normalerweise werden die Phasen nicht konsequent nacheinander durchlaufen, sondern es kommt zu Rückfällen auf frühere Stufen, bevor sich irgendwann eine stabile Aufrechterhaltung einstellt (vgl. Beispiel). Sich „im Kreis zu drehen“ ist eher die Regel als die Ausnahme, auch wenn viele Menschen ihr Hadern und Schwanken als frustrierend oder „verrückt“ empfinden.

Beispiel: Regelmäßig moderat Sport treiben

- „Für Sport fehlt mir einfach die Zeit. Außerdem bin ich gesundheitlich auch immer irgendwie ohne Sport klargekommen.“ *(Eingeschränktes Problembewusstsein)*
- „Vielleicht wäre es doch gut, mich etwas mehr zu bewegen. Der Arzt hat es mir mehrfach empfohlen und ich bin ja auch schon außer Atem, wenn ich die Treppe zur Arbeit hochgehe. Außerdem fühle ich mich mit dem Übergewicht auch nicht wirklich wohl. Ich bin nur oft einfach so kaputt und kann mich dann nicht aufraffen. Außerdem muss ich eigentlich auch immer Wichtigeres erledigen, wenn mal etwas Zeit für Sport übrig wäre.“ *(Nachdenklichkeit)*
- „Es muss sich etwas ändern, damit ich fitter werde. Eine Runde wöchentlich bei mir im Park laufen, das schaffe ich ohne großen Aufwand! Ich habe mir Laufschuhe bestellt und den Donnerstag eingeplant. Susanne wird mich begleiten und um 18.00 Uhr bei mir klingeln.“ *(Vorbereitung)*
- „Ich hatte es zwar für heute eingeplant, aber das Wetter ist so ungemütlich, dass ich überhaupt keine Lust habe. Außerdem muss ich noch etwas für meine Steuererklärung vorbereiten, das ist auch wichtig. Etwas unbefriedigend, aber was soll’s.“ *(Nachdenklichkeit, Rückfall)*

3.2 Selbsteinschätzung

Man kann sich demnach die Veränderung eines problematischen Verhaltens wie das Erklimmen einer Leiter vorstellen: Jede „Sprosse“ ist wichtig und notwendig, um oben anzukommen. Dabei geht man manchmal einen Schritt zurück und überwindet danach die nächste „Sprosse“ nach oben vielleicht schneller und sicherer, beides ist ganz normal und natürlich. Das Bild dieser Leiter kann Ihnen dabei helfen einzuschätzen, an welcher Stelle der Veränderung Sie sich gerade befinden.

Übung: Wo stehe ich bezüglich der Entscheidung für oder gegen die Veränderung?

Überlegen Sie bitte als Erstes, um welches Problem es gerade für Sie geht, und schreiben Sie es hier auf!

Mein Thema bzw. mein Problem(verhalten): ______________________

____

Wählen Sie nun die „Sprosse" oder Stufe aus, die am besten darstellt, wo Sie sich momentan in Bezug auf dieses Verhalten befinden! Je nachdem, welcher Stufe Sie sich am ehesten zuordnen, können Sie in diesem Ratgeber auf die entsprechenden Seiten vorspringen, um zu passenden Übungen zu gelangen:

1. *Eingeschränktes Problembewusstsein:* Ich finde mein „problematisches Verhalten" relativ unproblematisch. Ich habe deshalb momentan keine Pläne und kein Interesse, mein Verhalten zu ändern.
   ☐ Ja, diese Aussage ist eher auf mich zutreffend.
   → Weiter auf Seite 22.
2. *Nachdenklichkeit.* Ich denke darüber nach, mein problematisches Verhalten zu ändern, und fühle mich hin- und hergerissen, aber ich habe noch keine konkreten Pläne dafür.
   ☐ Ja, diese Aussage ist eher auf mich zutreffend.
   → Weiter auf Seite 26.
3. *Vorbereitung.* Ich plane momentan, mein problematisches Verhalten zu ändern, und ich habe auch schon angefangen, Pläne zu machen, wie ich es verändern kann.
   ☐ Ja, diese Aussage ist eher auf mich zutreffend.
   → Weiter auf Seite 45.
4. *Handlung.* Ich arbeite momentan daran, mein problematisches Verhalten zu verändern bzw. zu reduzieren.
   ☐ Ja, diese Aussage ist eher auf mich zutreffend.
   → Weiter auf Seite 51.
5. *Aufrechterhaltung.* Ich habe mein problematisches Verhalten verändert und stabilisiere den Erfolg zunehmend. Außerdem versuche ich, Rückfällen vorzubeugen.
   ☐ Ja, diese Aussage ist eher auf mich zutreffend.
   → Weiter auf Seite 52.

Wenn Sie Ihre Entscheidung also gezielt vorantreiben bzw. die nächste „Sprosse“ erreichen möchten, sind die Übungen von Seite 22 bis Seite 56 speziell auf Ihre jeweilige „Sprosse“ zugeschnitten. Einige weitere Übungen können aber auch von dieser Einschätzung unabhängig durchgeführt werden.

4 Dem Problem auf die Spur kommen: Sich des Problems bewusst werden

Wenn Sie sich dieser Stufe zugeordnet haben, sind Sie sich vermutlich an vielen Punkten eigentlich nicht sicher, ob das „Problem“ überhaupt ein Problem ist. Vielleicht sind Sie von einer anderen Person darauf hingewiesen worden, dass ein Verhalten Ihrerseits „problematisch“ sei, oder jemand macht sich Sorgen um Sie. Möglicherweise gibt es auch Menschen in Ihrem Umfeld, die Sie zu einer Veränderung drängen wollen.

Ob das „Problem“ letztlich ein Problem ist, und insbesondere, ob Sie etwas daran ändern möchten, können letztlich nur Sie selbst entscheiden. Vielleicht bieten die in Kapitel 4.1 genannten Punkte dafür eine hilfreiche Orientierung.

Auch Ziele und Werte können in dieser Phase eine hilfreiche Orientierung dafür bieten, zu erkennen, was tatsächlich wichtig ist und dementsprechend das Verhalten bzw. die Entscheidung beeinflussen sollte (vgl. hierfür Kapitel 9).

4.1 Objektive Informationen sammeln

Wenn Sie sich eigentlich nicht sicher sind, ob das „Problem“ wirklich problematisch ist, ist es grundsätzlich hilfreich, sich zunächst objektive Informationen zu dem jeweiligen Thema einzuholen. Dafür können Sie unterschiedliche Quellen heranziehen, beispielsweise:

- Allgemeine „Richtungsweiser“.
  - Für Gesundheitsfragen z. B. die World Health Organization (WHO).
  - Wissenschaftlich orientierte Gesellschaften/Interessenverbände (z. B. die Deutsche Gesellschaft für Ernährung [DGE]).

- Wissenschaftliche Studien und Theorien bzw. die wichtigsten Ergebnisse daraus.
  - Wenn möglich und verständlich: über *Originalstudien* informieren.
  - Ansonsten aus *seriöser Sekundärliteratur*. Diese erkennt man beispielsweise daran, dass dort keine Zahlen ohne Angaben einer Quelle/Zitation genannt werden und dass in der Regel mehrere solcher Quellen/Zitationen pro Artikel aufgeführt werden.
  - Von der Informationsgewinnung über Social-Media-Plattformen würden wir in dem Zusammenhang *abraten*.
- Etwas subjektiver, aber auch hilfreich: Umfragen im eigenen Bekanntenkreis.
  - Wichtig: Mehrere, unterschiedliche Personen befragen. Versuchen Sie bei der Informationssuche im besten Fall, eine so offene Haltung wie möglich einzunehmen! Der Blick eines Forschers, der an der „bestmöglichen" Wahrheit nach den aktuellen Befunden interessiert ist, kann hierfür ein hilfreiches Vorbild sein.

Übung: Fakten zu meinem Thema sammeln und bewerten

Fassen Sie für sich zusammen:

Die von mir zusammengesuchten Informationen zum Thema ________

______________________________ besagen im Kern Folgendes:

____

____

____

____

____

Was ziehe ich daraus für mich als Schlussfolgerung?

____

____

____

____

____

4.2 Individuelle Daten einschätzen

Darüber hinaus kann es eine gute Orientierung bieten, individuelle Daten zur eigenen Person – sofern solche zum jeweiligen „Problem“ vorhanden bzw. erhebbar sind – einzuholen. Solche Daten können als Feedback genutzt werden, wo Sie sich selbst bezüglich der untersuchten Fragestellung einordnen können. Wichtig ist dabei, dass für den jeweiligen Wert Vergleichswerte existieren, dass also ein Bezug zu entsprechenden Normwerten hergestellt werden kann:

- *Daten zu speziellen Gegebenheiten, Verhaltensweisen oder Gedanken,* z. B. konkrete Angaben zum Konsum eines Suchtmittels (Wie hoch ist mein Konsum im Vergleich zur Allgemeinheit?).
- *Laborbefunde,* z. B. aus medizinischen Untersuchungen (Ist der Cholesterinwert tatsächlich zu hoch? Wie viel über oder unter der kritischen Grenze liegt mein Wert?).
- *Fragebogen-Daten,* am besten mit wissenschaftlich evaluierten Fragebögen erfasst und bei Vorhandensein von Normwerten zur Einordnung des eigenen Ergebnisses (z. B. bei Depressionssymptomen).

Übung: Bilanz aus individuellen Daten zu meiner Person ziehen

Fragen Sie sich auf dieser Basis:

Wenn ich meine Angaben, Befunde bzw. Werte zum Thema __________ __________ mit den Referenzwerten vergleiche, wo stehe ich dann?

____

____

____

Und was bedeutet das für mich?

____

____

____

____

4.3 Skalierungsfragen

Die folgende Übung soll Ihnen helfen, Ihre Veränderungsabsichten etwas genauer auf den Punkt zu bringen.

Übung: Wichtigkeit einschätzen

Stellen Sie sich dafür bitte eine Skala von 0 bis 10 vor, wobei der niedrigste Wert für „gar nicht wichtig" und der höchste Wert für „extrem wichtig" steht.

Denken Sie nun an Ihr vermeintliches „Problem" und notieren Sie dieses hier:

___

Auf dieser Skala von 0 bis 10, wie wichtig ist Ihnen da eine Veränderung? Bitte kreuzen Sie an!

gar nicht wichtig — *extrem wichtig*

0	1	2	3	4	5	6	7	8	9	10

Sofern Sie eine Zahl größer als 0 angekreuzt haben: Warum haben Sie nicht „0" gesagt? Was macht die gewählte Zahl aus?

___

___

___

___

Sofern Sie die 0 angekreuzt haben: Was müsste passieren, damit Sie sich für einen höheren Wert entscheiden?

___

___

___

___

5 Die Ambivalenz überwinden: Den Nutzen der Veränderung die Kosten überwiegen lassen

Wenn Sie sich am ehesten mit dieser Stufe identifizieren können, liegt die entscheidende Schwierigkeit in der Überwindung der Ambivalenz. Auch Ziele und Werte können zur Überwindung der Ambivalenz hilfreich sein (vgl. hierfür Kapitel 9).

5.1 Pro-Contra-Listen

Eine klassische Strategie zum Abwägen der Vor- und Nachteile einer Entscheidung ist das Erstellen einer Pro-Contra-Liste. Diese existieren in unterschiedlichster Form. Es heißt, dass Benjamin Franklin der erste prominente Nutzer einer solchen Liste gewesen sei, weil er sie 1772 in einem

Pro Partnerschaft fortführen	**Contra** Partnerschaft fortführen
• Es ist das Beste für unsere Kinder. (30 %) • Wir funktionieren und profitieren als Team hinsichtlich vieler Punkte (Geld verdienen, gemeinsamer Freundeskreis). (20 %) • Alles beim Alten belassen ist bequem und sicher, häufig ist es durch das Vertraute auch gemütlich. (10 %)	• Ich kann das Fremdgehen nicht verzeihen. (20 %) • Die Streitereien stören mich. (10 %) • Wir haben häufig eine andere Meinung, wie es im Haushalt zu laufen hat. (5 %) • Ich könnte die Wohnung nach meinem Geschmack einrichten. (5 %)

Abbildung 2: Beispiel einer Pro-Contra-Liste im Zwei-Felder-Schema zu der Entscheidung, eine Partnerschaft fortzuführen oder nicht

Brief beschrieb. Im Grunde bestehen alle Formen der Pro-Contra-Liste aus einer Auflistung der Argumente für und gegen die Veränderung bzw. Beibehaltung des Status quo. Dabei gibt es unterschiedlich komplexe Aufsplittungen der Liste.

Ergänzend zur Auflistung kann man die Argumente jeweils gewichten (vgl. Abbildung 2). Hier können Sie z. B. bewerten, wie sich die einzelnen Argumente zu Ihren persönlichen Wertvorstellungen verhalten. Dabei sollten 100 % Gewichtung auf alle aufgeführten Punkte aufgeteilt werden. So kann beispielsweise auch ein einziges Argument auf der Veränderungsseite, was z. B. mit 55 % gewichtet wird, die Waage trotz einer deutlich größeren Anzahl an Argumenten auf der anderen Seite zum „Kippen" bringen.

Darüber hinaus können die Punkte auf ihre potenzielle Veränderbarkeit hin überprüft werden: Ist ein Argument theoretisch veränderbar, kann ich Einfluss darauf nehmen? Oder muss ich diesen Punkt einfach akzeptieren?

	Pro Rauchen	**Contra** Rauchen
kurzfristig	• Entspannung bzw. bei Stress durch Rauchen gut runterkommen • schnelle Belohnung in Pause • Rauchen schmeckt mir • starkes Verlangen nach Zigarette	• hin und wieder Husten
langfristig	• Kontakte durch Rauchen: gute Gespräche bei gemeinsamen Raucherpausen	• Angst vor gesundheitlichen Konsequenzen („Raucherlunge") • Rauchen kostet viel Geld • Streit mit meiner Partnerin, die den Geruch nicht mag • schlechtes Vorbild • zunehmende Abhängigkeit

Abbildung 3: Beispiel einer Pro-Contra-Liste im Vier-Felder-Schema zur Entscheidung für oder gegen das Rauchen

Eine wertvolle Erweiterung des einfachen Zwei-Felder-Schemas besteht in der Hinzunahme der Dimensionen „kurzfristig" und „langfristig" zur Verdeutlichung bestimmter Zusammenhänge der Problematik. Die Liste wird dafür in eine 2×2-Matrix aufgeteilt. In das dabei entstehende Vier-Felder-Schema können abgesehen von den Spalten „Pro" und „Contra" die Dimensionen „kurzfristig" und „langfristig" als Zeilen mitaufgenommen werden (vgl. Abbildung 3). Mit „kurzfristig" sind dabei solche Argumente gemeint, die nur für einen bestimmten Augenblick oder eine kürzere Zeit (z. B. für diesen Tag heute, für heute Abend) relevant sind. Unter „langfristig" sind dagegen solche Argumente zusammenzufassen, welche für eine längere Zeit – mehrere Wochen, Jahre oder ein ganzes Leben – relevant sind.

Vorgehen beim Ausfüllen einer Pro-Contra-Liste im Vier-Felder-Schema

Fragen Sie sich:

- „Was spricht für mich *für* ... [die Beibehaltung des Status quo, z. B. in der Partnerschaft bleiben, keine berufliche Veränderung in Angriff nehmen, weiterhin Zigaretten rauchen]?"
- „Und ist dieses Argument für mich eher *kurzfristig* bedeutsam (d. h. nur für den Augenblick oder eine kürzere Zeit, z. B. für diesen Tag heute oder für heute Abend) oder *langfristig* relevant (d. h. für eine längere Zeit, mehrere Jahre oder mein ganzes Leben)?"

Wenn Sie die Pro-Seite ausgefüllt haben, wiederholen Sie das Vorgehen für Contra-Seite. Fragen Sie sich:

- „Was spricht für mich *gegen* ... [die Beibehaltung des Status quo]?"
- „Und ist dieses Argument für mich eher *kurzfristig* wichtig (d. h. nur für einen bestimmten Augenblick oder eine kürzere Zeit, z. B. für diesen Tag heute oder für heute Abend) oder spielt es auch *langfristig* eine Rolle (d. h. für eine längere Zeit, mehrere Jahre oder mein ganzes Leben)?"

Übung: Pro-Contra-Liste

Und nun überlegen Sie, wie Ihre persönliche Pro-Contra-Liste aussieht: Nutzen Sie dazu das Vier-Felder-Schema „Arbeitsblatt: Pro-Contra-Liste", welches Sie im Anhang auf Seite 81 finden.

Und stellen Sie sich im nächsten Schritt, wenn Sie sich Ihre persönliche Pro-Contra-Liste ansehen, folgende Fragen:

- Wie geht es mir, wenn ich die Auflistung betrachte?
- Was fällt mir auf, wenn ich die Liste betrachte?
- Ist ein Argument der Auflistung für mich besonders hervorstechend/gewichtig? Wenn ja, welches und warum hat es eine so große Bedeutung für mich?
- Was fällt mir bezüglich der Gewichtung der vier ausgefüllten Felder auf?
- Welche Argumente sind potenziell veränderbar und mit welchen Punkten muss ich mich abfinden?
- Habe ich durch das Ausfüllen des Arbeitsblattes neue Erkenntnisse für mich gewonnen? Wenn ja, welche?
- Mit welcher Seite kann ich mich im Augenblick eher identifizieren und warum?
- Wenn ich mich jetzt und hier für eine Seite entscheiden müssten, für welche Seite würde ich mich dann entscheiden und warum?

In der Regel ergibt sich dabei folgendes Bild: Auf der Pro-Problem-Seite lässt sich eine Überzahl an kurzfristigen Argumenten finden, auf der Contra-Problem-Seite sind dagegen insbesondere viele langfristige Argumente aufgeführt. Das liegt daran, dass wir Menschen aufgrund von kurzfristigen „Verstärkern" und Gewohnheiten zunächst automatisch dazu tendieren, unser Verhalten kurzfristig auszurichten. Abgesehen davon ist die einmalige (oder gelegentliche) Durchführung vieler Problemverhaltensweisen (wie z. B. Rauchen, Verzicht auf Sport) ja in der Regel auch nicht per se schädigend (an dem einen Tag bzw. dem einen Abend). Die langfristige negative Konsequenz ist auch nicht direkt spürbar. Negative Konsequenzen werden erst nach mehreren Durchläufen bzw. mehreren Wochen, Monaten oder Jahren in einem fließenden Übergang schleichend deutlich. Aber beispielsweise an „dem einen Abend" ist das zunächst Offensichtlichste und Naheliegendste, dass das Problemverhalten eine – wenn auch kurzfristige – positive Konsequenz (Erleichterung/Entspannung) nach sich zieht. Deshalb fällt eine Verhaltensänderung in der konkreten Situation oft so schwer. Nichtsdestotrotz sind wir Menschen dazu in der Lage, unser Verhalten zielorientiert auszurichten, z. B. wenn wir uns das Ziel in schwierigen Situationen immer wieder vor Augen führen und dafür einen gewissen Verzicht oder das Fühlen schlechter Gefühle in Kauf nehmen.

Statt im Vier-Felder-Schema von Pro und Contra sowie lang- und kurzfristig geltenden Argumenten zu sprechen können alternativ auch die Begrifflichkeiten „Bleiben" und „Weggehen" genutzt werden und damit die Vor- und Nachteile der Beibeihaltung des Status quo bzw. von Veränderung zusammengetragen werden (vgl. Abbildung 4). Dies macht ein stückweit deutlich, dass keine Entscheidung zu treffen, letztlich auch eine Entscheidung ist.

Vorteile des Bleibens bzw. des Status quo	Vorteile des Weggehens bzw. der Veränderung
Nachteile des Bleibens bzw. des Status quo	Nachteile des Weggehens bzw. der Veränderung

Abbildung 4: Optionales Vier-Felder-Schema

5.2 Briefe schreiben

Eine ähnliche – aber in der Regel emotionalere – Auseinandersetzung mit den zwei Seiten der Ambivalenz bietet die Methode des Briefeschreibens. Manchmal finden sich auf diese Art gänzlich neue Argumente (z.B. Gefühle bezüglich des Problems bzw. der Entscheidung), die sich mit Hilfe der eher rationalen Pro-Contra-Liste nicht zeigen.

Für diese Methode werden zwei Briefe an das Problem verfasst. Einer soll an das Problem als „Freund", der andere an das Problem als „Feind" adressiert werden. Dem „Freund" soll im Brief geschildert werden, welchen positiven Einfluss er hat oder wofür Wertschätzung und Dank gilt. Auf der anderen Seite soll dem „Feind" geschrieben werden, wie er auf negative Weise Einfluss nimmt oder für welche schlechten Entwicklungen er verantwortlich ist.

Übung: Zwei Briefe an das Problem schreiben

Bitte verfassen Sie zwei Briefe an Ihr Problem(verhalten), wobei einer der Briefe an das Problem als „Freund“ und der andere an das Problem als „Feind“ gerichtet sein soll!

Schildern Sie darin dem „Freund“, welchen positiven Einfluss er auf Sie hat bzw. hatte und wofür Sie ihm möglicherweise dankbar sind! Sie können beispielsweise mit den Worten „Du guter Freund, ich schreibe dir, weil du mir in manchen Situationen in meinem Leben eine große Hilfe bist. Besonders dankbar bin ich dir für ...“ beginnen.

In einem zweiten Schritt verfassen Sie bitte den Brief an den „Feind“! Schildern Sie, welchen negativen Effekt das Problem(verhalten) hat bzw. hatte und wofür es in Ihrem Leben Schuld trägt! Sie können z.B. anfangen mit den Worten „Du mein Feind, ich hasse dich, weil du mir das Leben so schwer machst. Du sorgst dafür, dass ...“.

Lesen Sie sich die Briefe anschließend selbst vor und lassen Sie beide auf sich wirken!

Beantworten Sie für sich die folgenden Fragen:
- Wie ist es Ihnen beim Schreiben und Vorlesen der Briefe ergangen?
- Mit welchem Brief haben Sie jeweils begonnen und warum?
- Welcher Brief fiel Ihnen leichter/schwerer zu schreiben bzw. vorzulesen und warum?
- Haben Sie beim Schreiben und Lesen der Briefe neue Erkenntnisse für sich gewonnen? Wenn ja, welche?
- Welcher Brief entspricht eher Ihrer momentanen Stimmung und warum?
- Wenn Sie sich hier und jetzt zwischen „Freund“ und „Feind“ entscheiden müssten, für wen würden Sie sich dann entscheiden und warum?

Die Abbildungen 5 und 6 zeigen zwei Beispiel-Briefe für ein Problem mit dem eigenen Essverhalten (Ambivalenz zwischen einem normalen Essverhalten und einem Leben mit ständigem Diäthalten), zunächst an die „Freundin“. Und in Abbildung 6 finden Sie ein Beispiel für den Brief an die Diät als „Feindin“.

Liebe „Diät“!

Ich bin dir dankbar dafür, dass du schon so viele Jahre zuverlässig für mich da bist! Du gibst mir eine Aufgabe im Leben und vermittelst mir den Eindruck, durch dich alles im Griff zu haben. Was auch immer passiert: Du gibst mir Sicherheit.

Außerdem machst du mich sehr stolz, denn deinetwegen habe ich mein Wunschgewicht erreicht und halte es nun auch. Das, was viele andere Frauen nicht schaffen, obwohl sie es sich so sehr wünschen, habe ich mit dir geschafft. Die bewundernden Bemerkungen und teilweise auch neidischen Blicke tun so gut!

Außerdem hilfst du mir auch, bestimmte Lebensziele zu verwirklichen, denn schlanke Frauen haben einfach mehr Erfolg im Job, bei den Männern und bei eigentlich den meisten Dingen im Leben. Man traut mir mehr zu – gleichzeitig schaffe ich es durch dich, mir selbst an vielen Stellen mehr zuzutrauen und selbstbewusster auf andere zuzugehen.

Meine liebe „Diät“, ich bin dir dankbar für all das Gute, was du für mich getan hast und tust!

Deine …

Abbildung 5: Beispiel für einen Brief an die Diät als „Freundin“

5.3 Real-Wunsch-Vergleiche

In Real-Wunsch-Vergleichen wird die aktuelle Situation einer wünschenswerten (aber aktuell nicht gegebenen) Alternative gegenübergestellt. Dabei kann die Wunsch-Vorstellung auch eine gewisse Idealisierung darstellen, die vielleicht nicht in allen Punkten realistisch ist (vgl. auch Kapitel 5.5 für eine realistischere Einschätzung). Der Nutzen würde nichtsdestotrotz in der Eröffnung einer neuen, positiven Perspektive liegen.

Diese Gegenüberstellungen sind in unterschiedlichster Form möglich. Beispielhaft möchten wir Ihnen an dieser Stelle einen Real-Wunsch-Vergleich für den *Tagesablauf* vorstellen. Dabei geht es um den Vergleich zweier Tagesabläufe, nämlich des realen mit einem imaginierten Tages-

Sehr geehrte „Diät“,

mit diesem Brief möchte ich dir meine ehrliche Meinung mitteilen. Häufig ärgere ich mich über dich, weil ich auf dich hereingefallen bin. Ich dachte, dass ich mit deiner Hilfe glücklich werde. Doch dein wahres Gesicht sieht anders aus.

Du nimmst einen so hohen Stellenwert in meinem Leben ein, dass du andere, mir wichtige Menschen und Hobbys verdrängt hast: Anstatt eine Essensverabredung mit Freundinnen wahrzunehmen, richte ich mich weiter nach dir und sage derartige Treffen ab, weil sie nicht ins Diätprogramm passen. Lieber, als alte Hobbys wieder aufzugreifen, zähle ich weiter Kalorien, um es dir recht zu machen.

Deine Anwesenheit nimmt unheimlich viel Raum ein und bestimmt den Tagesablauf: Was ich einkaufe, was ich esse, wo und wann ich esse – alles erfordert Zeit und Durchtaktung. Wie viel meiner Lebenszeit ich dir wohl schon geopfert habe? Und wie viel Flexibilität du mir raubst …

Ich will mich nicht nur durch dich oder mit dir liebenswert fühlen. Ein potenzieller Partner soll mich auch ohne dich wollen, ohne derartige ständige Bemühungen um Wertschätzung. Sonst würde schließlich nicht wirklich ich selbst geliebt werden.

Ich wünsche mir eigentlich sehr, dass ich auch ohne dich klarkomme.

gez.: …

Abbildung 6: Beispiel für einen Brief an die Diät als „Feindin“

ablauf. Der reale Tagesablauf (Ist-Zustand) beinhaltet einen normalen Tag im Leben der Person, wie sie ihn momentan *mit dem gegebenen Problem* erlebt. Der imaginierte Tagesablauf (Wunsch-Zustand) beinhaltet dagegen einen solchen Tag, wie er in der Vorstellung der Person *nach einer Veränderung ohne das Problem* aussehen könnte. Anhand situativer Faktoren (Ort und Zeit der anwesenden Personen) können Gedanken, Gefühle und Verhaltensweisen im Ist- und Wunsch-Zustand miteinander verglichen werden. Die Abbildungen 7 und 8 zeigen dies beispielhaft am Tagesablauf einer homosexuellen Person ohne Outing und nach dem Outing.

Uhrzeit	Situation	Gedanke	Gefühl	Verhalten
7:00 Uhr	Aufstehen	• „Wieder ein Tag, an dem ich allen eine Show vorspielen muss . . . Ich fühle mich so leer.“ • „Simon sollte möglichst heimlich aus dem Haus gehen. Jetzt gerade ist keiner im Flur.“	traurig, ängstlich	• Mögliche Alltags-Hinweise auf Homosexualität suchen und vernichten • Besten Zeitpunkt für heimliches Verlassen der Wohnung abwarten
8:00 Uhr	Bahnfahrt zur Arbeit	• „Wenn die hier alle wüssten, dass ich auf Männer stehe, würden sie mich bestimmt noch viel abwertender angucken. Das würde ich nicht aushalten.“	traurig, wütend auf mich	• Blicke der anderen beobachten • Wirkung meiner Person auf andere vorstellen
9:00 bis 16:00 Uhr	Auf der Arbeit im Büro mit den Kolleginnen und Kollegen	• „Wahrscheinlich würden sie mich nicht akzeptieren und mir nichts mehr zutrauen, wenn ich mich outen würde. Ich sage lieber nichts.“ • „Keiner hier weiß wirklich, wer ich bin. Ich fühle mich so einsam und allein.“	ängstlich, traurig	• Kolleginnen und Kollegen beobachten • Eine „Hetero-Rolle“ spielen und gut überlegen, was ich sage • Aufmerksamkeit auf Projekt lenken, auch wenn es teilweise schwerfällt

		• „Ich sollte mich mehr auf den Projektabschluss konzentrieren. Das ist mir wichtig und macht mir eigentlich auch Spaß. Fällt mir leider nicht so leicht.“ • „Hoffentlich kriegt keiner mit, wenn ich gleich Simon eine Nachricht schreibe. Keiner sollte Verdacht schöpfen. Ich muss mich möglichst hetero verhalten.“		• Heimlich eine Nachricht schreiben
17:00 Uhr	Heimfahrt	• „Ich freue mich auf Simon später. Aber ich darf mir nichts anmerken lassen.“	freudig, aber auch ängstlich und unruhig	• Nervöses aus dem Fenster gucken, um mir nichts anmerken zu lassen
18:00 Uhr	Zu Hause	• „Hoffentlich bemerkt niemand, dass Simon heute schon wieder hier ist. Was sollen die dann nur denken. . .“	ängstlich, traurig	• Beobachten der Straße vor der Tür und Geräusche von Nachbarn im Flur kontrollieren
20:00 Uhr	Essen	• „Es ist so schön mit Simon. Aber hoffentlich kriegt keiner was mit.“	freudig, aber auch ängstlich	• Vorhänge zuziehen, damit niemand in die Wohnung schauen kann

Abbildung 7: Beispiel: Real-Zustand für den Tagesablauf einer homosexuellen Person *ohne* Outing

Uhrzeit	Situation	Gedanke	Gefühl	Verhalten
7:00 Uhr	Aufstehen	• „Was auch immer die anderen jetzt von mir denken: Ich fühle mich zumindest viel freier.“	erleichtert	• Normaler morgendlicher Ablauf
8:00 Uhr	Bahnfahrt zur Arbeit	• „Den meisten hier ist meine sexuelle Orientierung egal. Und wenn echt jemand komisch guckt, dann halte ich das aus.“	gleichgültig	• Andere Menschen beobachten und mir deren Lebensgeschichte vorstellen
9:00 bis 16:00 Uhr	Auf der Arbeit im Büro mit den Kolleginnen und Kollegen	• „Endlich muss ich mich nicht mehr verstellen. Endlich wissen die anderen, wer ich bin. Ich fühle mich vielen dadurch viel näher als früher.“ • „Der Projektabschluss ist mir wichtig und macht mir Spaß. Darum will ich mich heute kümmern.“ • „Ich kann Simon einfach schreiben, wenn ich möchte. Es wissen ja eh alle Bescheid.“	froh, erleichtert	• Mich frei bewegen und offen mit den anderen reden, ohne ständig jede Geste zu hinterfragen oder jedes Wort auf die Goldwaage zu legen • Konzentration auf den Projektabschluss

17:00 Uhr	Heimfahrt	• „Ich freue mich auf Simon später. Und das muss ich nicht verstecken.“	freudig	• Aus dem Fenster gucken
18:00 Uhr	Zu Hause	• „Bestimmt wird er überrascht sein und sich über das Essen freuen.“	fröhlich	• Ein schönes Abendessen vorbereiten
20:00 Uhr	Essen	• „Es ist so schön mit Simon. Und selbst wenn das jemand mitbekommt, kann es uns egal sein. Es ist ja kein Geheimnis.“	zufrieden	• Auf den Abend konzentrieren und die Zeit genießen

Abbildung 8: Beispiel: Wunsch-Zustand für den Tagesablauf einer homosexuellen Person *nach* dem Outing

Übung: Mein Alltag – mit und ohne Problem

Bitte erinnern Sie sich an einen Tag in der letzten Woche, der relativ *typisch für Sie in Ihrer momentanen Situation* ist! Bitte sammeln Sie Gedanken, Verhaltensweisen und Gefühle, die typisch für einen solchen Tag sind! Tragen Sie diese in eine Tabelle ein! Nutzen Sie dazu am besten eine Kopie des „Arbeitsblattes: Tagesablauf", welches Sie auf Seite 82 im Anhang finden.

Im Anschluss daran soll es nun um einen Tag gehen, wie Sie ihn gerne gestalten würden, *wenn Sie Ihr Problem nicht mehr hätten*. Hier können Sie also Ihren „Wunsch-Tag" erstellen, an dem das Problem Sie nicht mehr im Denken, Fühlen und Verhalten bestimmt. Hierzu können Sie erneut eine Kopie des „Arbeitsblattes: Tagesablauf" auf Seite 82 im Anhang nutzen. Wie würde ein solcher Tag aussehen? Würden Sie vielleicht ganz andere Aktivitäten in Angriff nehmen? Welche Gedanken würden Ihnen durch den Kopf gehen, wenn Ihr Problem keinen Einfluss mehr auf Ihr Denken hätte? Wie würden Sie sich dann fühlen und verhalten?

Vergleichen Sie anschließend die beiden Tagesabläufe:
- Wie geht es Ihnen, wenn Sie die Tabellen betrachten?
- Welche Gedanken gehen Ihnen beim Vergleichen durch den Kopf?
- Gibt es in dem Zusammenhang irgendetwas, was Sie gerne verändern würden? Wenn ja, was und warum?
- Stellen Sie sich vor, dass nicht Sie die Tabellen ausgefüllt hätten, sondern dass dies die Tagesabläufe einer Person sind, die Sie gerne mögen (z. B. eines guten Freundes, Ihrer Schwester bzw. Ihres Bruders oder einer anderen Ihnen nahestehenden Person):
  - Wie würden Sie über diese beiden Tage denken?
  - Was fänden Sie an der Gestaltung der Tage gut bzw. was würde Ihnen Sorgen machen?
  - Was würden Sie der Person raten?

5.4 Durchdenken von Handlungskonsequenzen bzw. Folgen

Das Durchdenken der Konsequenzen bzw. Folgen eines Verhaltens kann ebenfalls eine hilfreiche Unterstützung zum Treffen einer Entscheidung sein, weil es verhindert, „blauäugig" in eine Entscheidung zu „stolpern". Während der oben erläuterte Real-Wunsch-Vergleich durchaus auch unrealistische Anteile in Richtung einer positiven Entwicklung beinhalten kann, werden hier mögliche Entwicklungen in beide Richtungen durchdacht (vgl. auch Kapitel 5.5). Teilweise neigen Menschen dazu, das systematische Durchdenken von Folgen in beide möglichen Richtungen zu vermeiden, da die Beschäftigung damit verständlicherweise unangenehm sein kann. Es ermöglicht Ihnen jedoch, in aufgeklärter Form über mögliche Konsequenzen für sich selbst (das eigene Leben und die verbleibende Lebenszeit) und für Ihr Umfeld (z.B. nahestehende Menschen) zu entscheiden. Natürlich bleibt das Durchdenken hypothetisch und stellt keine Garantie für real eintretende Folgen dar, aber es bietet eine gewisse Grundlage für die Entscheidung.

Dafür sollten möglichst alle ersichtlichen Konsequenzen (positive und negative sowohl der Beibehaltung des Status quo als auch der Veränderung) in Betracht gezogen werden. Für einen systematischen Überblick können Sie wiederum das Vier-Felder-Schema heranziehen (vgl. Abbildung 3 und 4 in Kapitel 5.1). Für eine lebhaftere Vorstellung kann es hilfreich sein, sich die Situation konkret auszumalen.

Übung: Mögliche Konsequenzen meines Handelns oder Nicht-Handelns

Nutzen Sie für die Durchführung der Übung das „Arbeitsblatt: Mögliche Konsequenzen meines Handelns oder Nicht-Handelns", welches Sie auf Seite 83 im Anhang finden. Benennen Sie zunächst in der linken Spalte den Status Quo bzw. die Veränderung! Tragen Sie dann Ihre persönlichen Gedanken zu möglichen positiven und negativen Konsequenzen in die vier Felder ein (siehe Durchnummerierung):

1. Was wären *positive* Konsequenzen, wenn Sie sich *gegen* diesen Weg entscheiden?
2. Was wären *negative* Konsequenzen, wenn Sie sich *gegen* diesen Weg entscheiden?
3. Was wären *positive* Konsequenzen, wenn Sie sich *für* diesen Weg entscheiden?
4. Was wären *negative* Konsequenzen, wenn Sie sich *für* diesen Weg entscheiden?

Wenn es Ihnen schwerfällt, die oben genannten Fragen zu beantworten bzw. die Tabelle auszufüllen, können vielleicht die folgenden Ergänzungsfragen hilfreich sein:

- Wie wäre das wohl, wenn Sie sich tatsächlich so verhalten (bzw. nicht verhalten) würden? Wie würde das konkret aussehen?
- Wie würde es sich wohl anfühlen, wenn Sie dieses Verhalten tatsächlich in die Tat umsetzen würden bzw. alles beim Alten belassen würden?
- Was würde Ihnen wohl durch den Kopf gehen, wenn Sie die Entscheidung in die Tat umsetzen würden bzw. alles beim Alten belassen würden?
- Wie würde wohl ein erster Tag nach der Entscheidung – dafür oder dagegen – aussehen?

5.5 Extrementwicklungen durchdenken

Das Durchdenken von Extrementwicklungen ähnelt dem Durchdenken von Handlungskonsequenzen bzw. Folgen einer Entscheidung. Jedoch liegt der Fokus hierbei nicht auf der realistischsten Art der Entwicklung, sondern auf der Vorstellung möglicher Extreme. Diese unterteilen sich in das positive Extrem-Szenario (Best-Case-Szenario) und das negative Extrem-Szenario (Worst-Case-Szenario). Mögliche Fragen sind dementsprechend:

Fragen zum Durchdenken von Extrementwicklungen

Worst-Case-Szenario:

- Was sind Ihre schlimmsten Befürchtungen, wie es mit Ihrem Leben oder einem bestimmten Bereich Ihres Lebens weitergehen könnte, wenn Sie so weitermachen würden wie bisher (also Ihr Problemverhalten beibehalten würden)?
- Was sind Ihre schlimmsten Befürchtungen, wie es mit Ihrem Leben oder einem bestimmten Bereich Ihres Lebens weitergehen könnte, wenn Sie etwas ändern bzw. das Problemverhalten aufgeben würden?

Best-Case-Szenario:

- Wie würde sich Ihr Leben oder ein bestimmter Bereich Ihres Lebens bestenfalls entwickeln, wenn Sie etwas ändern bzw. das Problemverhalten aufgeben würden?
- Wie würde sich Ihr Leben oder ein bestimmter Bereich Ihres Lebens bestenfalls entwickeln, wenn Sie so weitermachen würden wie bisher (also Ihr Problemverhalten beibehalten würden)?

Da die Wahrheit häufig zwischen den Extremen liegt, ist als realistische Entwicklung in der Regel etwas „in der Mitte" anzunehmen (vgl. auch Kapitel 5.4).

5.6 Keine Entscheidung ist auch eine Entscheidung

Häufig schieben wir schwierige Entscheidungen lange Zeit auf. Dabei ist uns häufig nicht bewusst, dass das vermeintliche Nicht-Treffen einer Entscheidung eigentlich jeden Tag eine Entscheidung für die Beibehaltung des Status quo darstellt. Wir leben dementsprechend jeden Tag, der ohne eine bewusste Entscheidung vergeht, weiter mit dem Status quo und haben mit jedem weiteren Tag letztlich weniger Lebenszeit für ein potenzielles Leben nach der Entscheidung übrig: Das Leben läuft weiter.

„Buridans Esel" ist eine dazu passende, aus der Philosophie stammende Metapher. Es geht darin um die Frage, ob und wie eine Entscheidung getroffen werden kann, wenn es zwei vollständig identische Alternativen gibt, zwischen denen eine Auswahl getroffen werden soll. Das Gleichnis macht deutlich, dass keine Entscheidung zu treffen auch eine Art der Entscheidung ist und bestimmte Konsequenzen nach sich zieht. Der Esel, so vermutet man, soll dabei die Absurdität der Situation verdeutlichen.

Metapher: Buridans Esel

Ein hungriger Esel stand genau zwischen zwei gleichartigen Heuhaufen. Die Heuhaufen waren gleich groß und befanden sich gleich weit von ihm entfernt. Beide erschienen ihm gleichermaßen schmackhaft. Der Esel konnte sich bei diesen beiden, nicht unterscheidbaren Alternativen für keine der zwei Optionen entscheiden. Er wusste einfach nicht, von welchem Haufen er zuerst fressen sollte. Schließlich verhungerte er, weil er keine Entscheidung traf und von keinem der beiden Heuhaufen zu fressen begann.

Das Nicht-Treffen einer Entscheidung ist eben auch eine Art der Entscheidung, die mit *Kosten* (z.B. Grübeln, Unsicherheit) aber auch mit *Vorteilen* (z.B. mehr wahrgenommene Freiheit) verbunden ist.

5.7 Eine individuelle Frist für die Entscheidung setzen

Vielleicht fällt es Ihnen auch weiterhin schwer, sich zu einer Entscheidung durchzuringen. Das ist nicht untypisch, wenn wir vor für uns bedeutsamen Lebensentscheidungen stehen. Manchmal kann es hilfreich oder entlastend sein, sich eine persönliche „Deadline“ bzw. Frist für die eigene Entscheidung zu setzen. Die Kernfrage der folgenden Übung ist daher: Wann wollen Sie sich entscheiden bzw. bis wann wollen Sie die Entscheidung noch aufschieben?

Wir empfehlen die folgende Übung nicht, wenn Ihnen die Vorstellung Ihres eigenen Todes große Probleme bereitet. Sie können die Übung auch mit einer vertrauten Person gemeinsam machen, mit der Sie Ihre Gefühle besprechen können, wenn dies für Sie erleichternd ist.

Übung: Persönliche Entscheidungsfrist

Zeichnen Sie mit einem Stift eine Linie auf ein Blatt Papier! Diese Linie steht für Ihre Lebenszeit. Dabei soll der Anfangspunkt der Linie den Zeitpunkt Ihrer Geburt und das Ende den Zeitpunkt Ihres Todes darstellen. Dies ist selbstverständlich als rein hypothetisches Gedankenexperiment zu sehen. Es ist klar, dass der eigentliche Zeitpunkt des Todes unbekannt ist.

Wenn Sie die Linie gezeichnet haben, markieren Sie bitte den aktuellen Zeitpunkt, also denjenigen, an dem Sie gerade zwischen Geburt und Tod im „Hier und Jetzt" stehen (vgl. Abbildung 9).

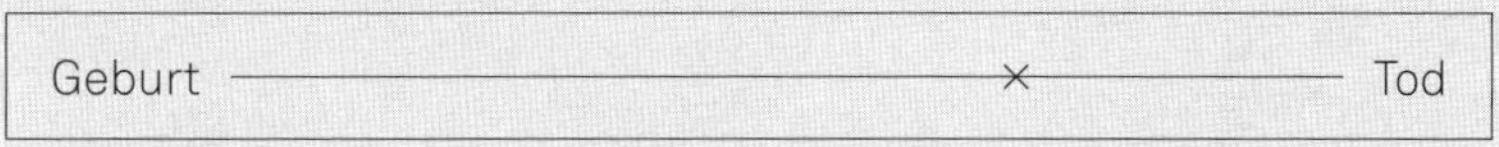

Abbildung 9: Lebenslinie

Tragen Sie jetzt bitte links vom aktuellen Zeitpunkt die Zeit bzw. Dauer ein, die Sie Ihre Entscheidung schon mit sich herumtragen (ggf. ist dies gleichzusetzen mit der Zeit Ihres Problemverhaltens, also z. B. „Wie lange überlege ich mittlerweile, mit dem Rauchen aufzuhören?"). Zeichnen Sie dann bitte rechts vom aktuellen Zeitpunkt ein, wie lange Sie die Entscheidung in der Zukunft noch offenlassen möchten (ggf. ist dies gleichzusetzen mit der Dauer der Beibehaltung des Problemverhaltens, also z. B. „Wie lange will ich noch rauchen?"; vgl. Abbildung 10).

Abbildung 10: Lebenslinie mit Entscheidungszeitraum

Bitte beantworten Sie für sich die folgenden Fragen:

- Welche Gedanken und Gefühle löst diese Übung bei Ihnen aus?
- Warum möchten Sie sich ausgerechnet zu dem gewählten Zeitpunkt entscheiden?
- Wie soll Ihre Entscheidung zum gewählten Zeitpunkt dann möglicherweise aussehen?
- Wenn sich die Linie verkürzen würde bzw. der Tod früher eintreten würde: Würde dies etwas für Sie und Ihren Umgang mit dieser Entscheidung ändern?

5.8 Sich Bedenkzeit geben

Vielleicht haben Sie nun alle der hier vorgeschlagenen Übungen durchgeführt und stehen trotzdem weiterhin ohne Entscheidung dar. Möglicherweise sind Ihnen alle Gründe für und gegen die Veränderung klar, aber trotzdem fällt ein abschließendes Urteil schwer.

In dem Fall würden wir Ihnen empfehlen, alle Punkte eine Zeit „sacken" zu lassen. Vielleicht braucht Ihre Entscheidung eine „Auszeit", um „reifen" zu können. Wir würden Ihnen raten, sich einen Zeitraum - z. B. einen Monat - zu überlegen (ähnlich wie in der Übung „Persönliche Entscheidungsfrist in Kapitel 5.7), nach welchem Sie nochmal Bilanz ziehen können!

6 Sich den entscheidenden Ruck geben: Die Einleitung der Veränderung

Wenn Sie diese Stufe erreicht haben, haben Sie Ihre Entscheidung – zumindest vorerst – getroffen, sie aber noch nicht in die Tat umgesetzt. Sie stehen gerade an einem entscheidenden Punkt, an welchem ein „Zurückkippen" passieren könnte, aber auch ein tatsächliches Umsetzen der Veränderung realistisch ist.

Auch Ziele und Werte können an dieser Stelle eine hilfreiche Unterstützung sein (vgl. hierfür Kapitel 9).

6.1 Metapher zur Einleitung der Veränderung

Vielleicht haben Sie sich weitestgehend für die Veränderung entschieden, könnten aber noch eine leichte „Starthilfe" gebrauchen. Die folgende Metapher kann Ihnen vielleicht helfen.

Metapher: Aufräumen geht nicht ohne zeitweise Unordnung (in Anlehnung an Timko et al., 2013)

Vielleicht haben Sie einen Schrank in Ihrer Wohnung, in den Sie vieles einfach hineinstopfen. Der Kram landet möglicherweise aus unterschiedlichen Gründen dort: Vielleicht gehört er sogar prinzipiell in den Schrank oder aber Sie haben einfach keinen anderen Ort dafür. Andere Dinge wollen Sie dort eventuell auch verstecken und stopfen sie deshalb in die hinterste Ecke des Schranks. Bei anderen Sachen wiederum wollen Sie möglicherweise genau wissen, wo sie zu finden sind, weshalb Sie diese ganz nach vorne in den Schrank legen. Nach einer gewissen Zeit ist der Schank richtig voll. Außerdem ist alles darin ziemlich durcheinander und unordentlich. Sie müssen ihn also aufräumen, das heißt alles aussortieren und ordnen, damit er auch in Zukunft nützlich für Sie ist. Alles aus dem Schrank zu holen, sorgt im Zimmer für ein großes Durcheinander. Überall liegen Sachen herum und man kann sich kaum noch vorstellen, wie das alles jemals in den Schrank gepasst hat. Sie stehen im Zimmer, umgeben von all dem Kram. Das kann überwältigend sein, ermüdend und auch nervenaufreibend: Was sollen Sie mit all dem Zeug machen?

In so einem Moment möchte man manchmal einfach aufgeben. Bestimmt wünschen Sie sich seinerseits, den ganzen Stress zu vermeiden, den das weitere Aufräumen mit sich bringt, und möchten alles einfach wieder zurück in den Schrank stopfen. Das hieße natürlich, dass es im Schrank weiterhin unordentlich wäre, und so wären Sie (fast) wieder da, wo Sie angefangen haben. Die Alternative ist, die Ruhe zu bewahren und weiter aufzuräumen: Sich die nötige Zeit zu nehmen, um alles auszusortieren, alles zu Behaltende aufzufalten und dann wieder ordentlich in den Schrank zu legen. So wäre der Schrank letztlich viel zweckmäßiger, weil Sie bei Bedarf finden würden, was Sie brauchen.

Die Veränderung in Angriff zu nehmen, ist fast wie einen Schrank aufzuräumen: Sie werden über Dinge nachdenken und Dinge fühlen, die Sie vielleicht lieber vermeiden würden. Es kann sein, dass Sie Angst haben und überfordert sein werden. Die Dinge sehen meist erst einmal schlimmer aus, bevor sie besser werden. Es wird bestimmt nicht immer leicht sein, aber langfristig bewegen Sie sich zu dem hin, was Ihnen wichtig ist.

6.2 Selbstverpflichtung stärken

Der Begriff der *Selbstverpflichtung* meint die bewusste und öffentliche (z.B. gegenüber einer anderen Person getroffene) Festlegung auf ein bestimmtes Vorhaben.

Beispiele

- „Ich habe wirklich vor, mit meiner Frau [meiner Chefin, meinem Sohn, ...] über diese Sache zu reden."

- „Ich verspreche dir, dass ich diesen ersten Schritt in Angriff nehmen werde."

Eine solche Äußerung kann die Umsetzung der Handlung wahrscheinlicher machen, weil wir uns dadurch in Bezug auf ein bestimmtes Vorgehen verbindlich zeigen. Dies kann ähnlich wie ein niederschwelliger „Vertrag" – insbesondere mit uns selbst, aber auch mit der anderen Person – gesehen werden.

Die Selbstverpflichtung kann auf verschiedene Weise gestärkt werden. Zunächst einmal können Sie Ihr Vorhaben nur für sich selbst schriftlich festhalten, also Ihnen selbst ein Versprechen geben, etwas Bestimmtes zu tun. Unterschreiben Sie ein solches Versprechen an Sie selbst zusätzlich, um es verbindlicher zu machen (vgl. Übung)! Es muss dabei nicht um die große Veränderung als Ganzes gehen. Auch ein erster Schritt in die erwünschte Richtung kann auf diese Art wahrscheinlicher gemacht werden.

Übung: Vertrag mit mir selbst

Hiermit erkläre ich mir selbst gegenüber, dass ich Folgendes tun werde, um an meinem Problem bzw. meiner Veränderung ____________________

____ zu arbeiten:

____

____

____

Ort und Datum: ____________________ Unterschrift: ____________________

Eine weitere Möglichkeit besteht in der Äußerung der eigenen Absicht gegenüber einer nahestehenden Person. Überlegen Sie, wen Sie sich vorstellen könnten, in Ihre Pläne einzuweihen! Gegebenenfalls können Sie auch ein ähnliches Schreiben wie oben aufsetzen, dass Sie und die andere Person gemeinsam unterschreiben. Sie können die andere Person auch bitten, die Verbindlichkeit weiter zu stärken, indem diese sich beispielsweise nach einer Woche bei Ihnen erneut meldet und sich bezüglich der weiteren Entwicklung Ihrer Pläne erkundigt.

6.3 Der „Satz vom guten Grund“

Der „Satz vom guten Grund“ (Berking, 2017) ist eine weitere Möglichkeit, die Selbstverpflichtung zu stärken und die wichtigsten persönlichen Argumente für die Veränderung prägnant schriftlich festzuhalten. So kann durch eine kurze, individuelle Formulierung alles für die Person Wichtige auf den Punkt gebracht, zusammengefasst und im Bewusstsein gehalten werden. Das folgende Beispiel zeigt dies für das Ziel, mehr Balance zwischen Arbeit und Freizeit bzw. Familie herzustellen.

Beispiel: Satz vom guten Grund

Ich werde – soweit es mir möglich ist – intensiv an einem ausgewogenen Lebensstil zwischen meinem Beruf und meiner Familie bzw. meiner Freizeit arbeiten, weil ich meinen Kindern ein gutes Vorbild sein und mich mehr um mein persönliches Wohlergehen kümmern möchte.

Ich verspreche mir davon, dass ich in Zukunft ausgeglichener und fröhlicher sein werde und dadurch eine liebevollere, intensivere Zeit mit meiner Familie und meinen Freunden erleben werde.

Das ist besser als meine altgewohnte, völlige Verausgabung für den Job, weil ich sonst befürchte, dass ich mich in spätestens zehn Jahren völlig kaputt gemacht und mein Leben verpasst haben werde.

Übung: Mein „Satz vom guten Grund“

Ich werde – soweit es mir möglich ist – intensiv an ____________
arbeiten, weil: ____
____
____
____

Ich verspreche mir davon, dass in Zukunft Folgendes passiert: ______
____
____
____

Das ist besser als mein altes Problemverhalten ________________,

weil ich sonst Folgendes befürchte: ____________________

____

____

6.4 Einen Änderungsplan erstellen

In einem Änderungsplan konkretisieren Sie das, was Sie sich an Veränderungsschritten vornehmen. In dem Rahmen können Sie zunehmend ins Detail gehen, z. B. einen Termin für bestimmte Schritte festlegen oder Ähnliches. Nehmen Sie sich dabei Zeit und lassen Sie sich nicht drängen! Das Beispiel zeigt, wie ein solcher Änderungsplan für den Fall, das Rauchen aufzugeben, aussehen kann.

Beispiel: Änderungsplan

Ich plane, im August für zwei Wochen mit meinem Freund in den Urlaub zu fahren. Den Urlaub möchte ich nächste Woche buchen. Ich werde alle dann übrigen Zigaretten vorher meinen Eltern geben und keine Zigaretten mitnehmen. Mein Freund wird außerdem unsere Urlaubskasse verwalten. Zigaretten zu kaufen wird dort sowieso eher schwierig sein, weil wir außerhalb der Stadt wohnen werden.

Übung: Wie soll es weitergehen?

Nach allem, womit wir uns in diesem Ratgeber bisher beschäftigt haben, scheinen Sie häufig unzufrieden mit der Situation zu sein, die Sie mithilfe dieses Buches verändern möchten. Fassen Sie für sich selbst kurz als Bilanz zusammen: Wie soll es Ihrer Ansicht nach am besten weitergehen, was sollten Sie tun bzw. planen?

____

____

____

Welche verschiedenen Teilschritte sind dafür gegebenenfalls zu bedenken?

____

____

____

Welche Vorbereitungsmaßnahmen müssen Sie dafür gegebenenfalls treffen?

____

____

____

Wann wollen Sie damit starten?

____

7 Den Überlegungen Taten folgen lassen: Die Umsetzung der Veränderung

Wenn Sie diese Stufe erreicht haben, haben Sie Ihre Entscheidung bereits getroffen und den Punkt überwunden, der vielen Menschen richtig schwerfällt. Es geht nun vornehmlich darum, neue Verhaltensweisen und/oder Einstellungen bzw. Gedanken zu erproben und auch bei Misserfolgen nicht aufzugeben. Erinnerungsstützen im Alltag können hilfreich sein, um „am Ball" zu bleiben und die persönliche Bedeutsamkeit der Veränderung und aller Anstrengungen bewusst zu halten.

Auch Ziele und Werte (vgl. hierfür Kapitel 9) können in dieser Phase eine gute Orientierung für das erstrebenswerte Verhalten bieten, z. B. durch die Platzierung von Erinnerungen in der Wohnung oder durch automatische Erinnerungen im Handy. Das mittel- bis langfristige Ziel bewusst zu halten, kann helfen, kurzfristige „Durststrecken" zu überwinden und die Motivation aufrechtzuhalten.

Motivationale bzw. Entscheidungsprobleme, die der Schwerpunkt dieses Ratgebers sind, rücken nun in den Hintergrund. Es gibt eine große Auswahl an hilfreicher, problemspezifischer Literatur (z. B. zur Raucherentwöhnung, Ernährungsumstellung usw.), welche auf die „Handlungsphase" ausgerichtet ist. Darauf sei an dieser Stelle verwiesen.

8 Den Erfolg festigen: Erreichtes stabilisieren

Wenn Sie diese Stufe erreicht haben, haben Sie Ihre Veränderung weitestgehend erfolgreich in die Tat umgesetzt. Vermutlich war der Weg hierhin nicht immer leicht, aber Sie haben sich nicht entmutigen lassen. Nun geht es darum, diesen Zustand so lange wie möglich aufrechtzuerhalten. Psychologen sprechen in dem Zusammenhang von Stabilisierung und Rückfallprophylaxe.

Auch hierfür können erneut Ziele und Werte (vgl. hierfür Kapitel 9) hilfreich sein, z. B. in Form symbolischer Verankerungen im Alltag als Erinnerungsstütze (beispielsweise durch Fotos, die am Kühlschrank befestigt sind). Sie können zur Etablierung eines stabilen ziel- und wertkongruenten Verhaltens dienen.

8.1 Risikosituationen kennen und einen „Notfallplan" haben

Risikosituationen sind dann gegeben, wenn Sie Gefahr laufen, wieder in alte bzw. problembezogene Verhaltensmuster zurückzufallen. Vielleicht bemerken Sie, dass es in bestimmten Situationen (z. B. in einer bestimmten sozialen Gruppe oder zu einer bestimmten Tageszeit) schwerer fällt, ihr Veränderungsziel weiter aufrechtzuhalten. Vielleicht ist es auch so, dass bestimmte Gedanken und Gefühle bei Ihnen eine Art Verlangen auslösen, wieder alles nach dem alten Vorgehen zu machen.

Es ist gut, um derartige Risikosituationen zu wissen, weil Sie dann vorbeugende Maßnahmen treffen können, die einen Rückfall unwahrscheinlicher machen. Hierfür kann es sinnvoll sein, solche Risikosituationen schriftlich zu benennen und einen Notfallplan zu formulieren (vgl. Beispiel).

Beispiel: „Notfallplan" – Mich mehr bei freiwilligen Aufgaben abgrenzen

Ich habe es geschafft, nicht mehr jede Aufgabe, für die eine freiwillige Person gesucht wird, zu übernehmen. „Nein" zu sagen, fällt mir leichter als früher. Gleichzeitig gelingt mir momentan die Balance gut, auch nicht partout bei allem „Nein" zu sagen, denn Hilfsbereitschaft ist mir wichtig, aber nicht bis zur völligen eigenen Erschöpfung.

Schwierig wird es für mich immer, wenn ich in netter, geselliger Runde mit verschiedenen Freunden oder auch im Kollegenkreis zusammensitze und jemand um Hilfe bittet. Dann kann ich es schlecht aushalten, nichts zu sagen und komme mir schnell wenig unterstützend bzw. sehr unkollegial vor.

Hilfreich ist es dann, erstmal einen Schluck zu trinken, einen Blick in die Runde zu werfen und noch einmal durchzuatmen, bevor ich sofort „Hier!" rufe. In der Zeit kann ich kurz in mich gehen, um herauszufinden, wie meine Kapazität für die Aufgabe überhaupt aussieht.

Hilfreich ist dann außerdem auch der Gedanke, dass ich mich bei einer zu schnellen Zusage hinterher über das von mir gemachte Zugeständnis ärgern werde. Außerdem muss ich mir gegebenenfalls sagen, dass die anderen mich nicht direkt ablehnen werden, wenn ich mal keine Unterstützung bieten kann. Zusätzlich kann ich mir in den Kopf rufen, wann ich in letzter Zeit bereits anderweitig freiwillig geholfen habe.

Meine Lieblingskollegin und meine Freundin Lisa können außerdem eine Hilfe sein, weil die beiden mir immer aufzählen, was ich schon alles mache.

Übung: Meine Risikosituationen und mein diesbezüglicher „Notfallplan“

Folgendes habe ich erreicht bzw. weitestgehend stabilisiert:

___

___

Welche Risikosituationen gibt es, die diesbezüglich gefährlich werden könnten? In welchen Situationen merken Sie an sich, dass Sie gerne wieder in alte Muster „zurückkippen“ würden bzw. es Ihnen schwerer fällt, „am Ball“ zu bleiben?

___

___

___

Welche Verhaltensweisen könnten Ihnen dann helfen?

___

___

___

___

Welche Gedanken/Einstellung könnte Ihnen dann helfen?

___

___

___

Welche Personen oder andere Rahmenbedingungen könnten Ihnen dann helfen?

___

___

___

8.2 Sich erinnern

Um die Motivation für die Beibehaltung der Veränderung auch in einer späteren Phase weiter aufrechtzuerhalten bzw. die Gründe für die Veränderung im Bewusstsein zu halten, ist es nützlich, sich regelmäßig zu erinnern. Dies kann z.B. dadurch geschehen, dass Sie diesen Ratgeber oder bestimmte Übungen hieraus zu einem späteren Zeitpunkt wieder in die Hand nehmen und durchblättern. Eine beispielsweise durch den Kalender geschaltete Erinnerung, vielleicht gepaart mit einem kurzen „Termin" zu diesem Zweck, kann eine gewisse Regelmäßigkeit schaffen. Wie war das nochmal damals und warum haben Sie sich so entschieden? Was hat sich seitdem verändert?

Lieber Alkohol,

ich möchte dir abschließend diesen Brief schreiben. Ungefähr ein Jahr ist es her, dass ich dich aus meinem Leben verbannt habe. Dich zu verlassen war die richtige Entscheidung: Endlich bin ich frei und ich möchte dich niemals wieder in mein Leben lassen. Alles mit dir fing zwar immer scheinbar gut an, endete aber immer mit Schrecken.

Du hattest mein Leben schleichend vergiftet, was ich erst spät bemerkte. Es hat lange gedauert, bis mir klar wurde, wie abhängig ich von dir falschem Freund war. Fast wäre alles, was mir im Leben wichtig ist, kaputt gewesen: Meine Beziehung und das Verhältnis zu meiner besten Freundin!

Ich habe viele Anläufe gebraucht und dieses letzte Mal ist meine Entscheidung wirklich endgültig. Ich weiß jetzt, was mir guttut, und du tust es definitiv nicht! Ich werde weiterhin gut auf mich achtgeben. Dein früherer Platz in meinem Leben wird jetzt durch anderes, viel Erfüllenderes und Nachhaltigeres wie mein Engagement bei Fridays for Future ausgefüllt. Mein Leben bestimme ich allein und da gibt es keinen Platz mehr für dich!

Dein ...

Abbildung 11: Beispiel für einen Abschiedsbrief an den Alkohol

Es bietet sich auch eine weitere Form des Briefeschreibens an, indem Sie einen Abschiedsbrief an Ihr Problem schreiben (vgl. Abbildung 11; ähnlich zu dem Brief an das Problem als „Feind“ in Kapitel 5.2).

Ein solcher Brief kann in regelmäßigen Abständen wieder angeschaut werden. So können Gründe für die getätigte Veränderung „aufgefrischt“, das Bewusstsein für diese Gründe aufrechterhalten und erreichte Erfolge gefestigt werden. Er kann zu eben diesem Zweck auch dem Notfallplan beigelegt werden.

9 Was ist mir eigentlich wirklich wichtig? Ziel- und werteorientiert denken und handeln

Um Ziele und Werte – wie in Kapitel 2.3 beschrieben – als Orientierungshilfe bei einer Entscheidung nutzen zu können, müssen diese Ziele und Werte zunächst einmal klar sein. Es geht demnach um die Beantwortung der folgenden Fragen:

- Was ist Ihnen im Leben besonders wichtig oder sogar am wichtigsten?
- Wo möchten Sie in diesem Leben hingelangen, was möchten Sie erreichen und wer möchten Sie sein?
- An welchen „Regeln" orientieren Sie sich in Ihrem Leben?
- Welche Werte haben in Ihrem Leben einen hohen Stellenwert?
- Was würden die für Sie wichtigsten Menschen über Sie sagen, worauf es Ihnen im Leben ankommt?

Vielen Menschen fällt es nicht leicht, diese Fragen zu beantworten. Daher gibt es einige Hilfsmittel, die Sie zur Unterstützung bei Ihren Überlegungen heranziehen können.

9.1 Lebenskompass

Manchmal kann es hilfreich sein, anhand bestimmter, vorgegebener *Lebensbereiche* (z. B. Freundschaften, Arbeit oder Hobbys) gezielt zu überlegen, welche Bedeutung der jeweilige Bereich im eigenen Leben hat, also eine Art *Lebenskompass* zu erstellen. Nicht alle Bereiche sind natürlich für alle Personen gleichermaßen relevant. Die vorgegebenen Bereiche können weiterhin hinsichtlich der persönlich relevanten Inhalte beschrieben werden, z. B. dass Freundschaften für gegenseitige Unterstützung, Arbeit für ein unabhängiges Leben und Hobbys zum Ausleben von Kreativität wichtig sind. Es geht also für jeden Bereich um die Klärung der Frage, was an diesem Bereich von großer, individueller Bedeutung ist.

Übung: Mein Lebenskompass

Im Lebenskompass können Sie unterschiedliche Bereiche hinsichtlich der für Sie bestehenden Wichtigkeit überprüfen. Nutzen Sie dazu das „Arbeitsblatt: Lebenskompass", welches Sie auf Seite 84 im Anhang finden. Gehen Sie bitte die verschiedenen Kästchen durch! Wenn Sie einen Bereich als für Sie bzw. Ihr Leben irrelevant bewerten, streichen Sie ihn einfach durch! Bei allen anderen Bereichen überlegen Sie bitte, was Ihnen daran wichtig ist, und notieren Sie dies schlagwortartig im entsprechenden Kästchen!

Beantworten Sie im Anschluss für sich die folgenden Fragen:

- Welche Bereiche und zugehörige Inhalte sind Ihnen *besonders wichtig* und welche sind Ihnen *weniger wichtig*? Markieren Sie die eher wichtigen und eher unwichtigen Bereiche in zwei verschiedenen Farben!
- In welche Bereiche *investieren* Sie momentan eher viel und in welche eher wenig Zeit bzw. Energie? Zeichnen Sie die Pfeile vom „ICH" in der Mitte dicker zu Bereichen, in die Sie viel investieren! Und lassen Sie die Pfeile zu Bereichen, in die Sie weniger investieren, dünner!
- Wo ergibt sich eine gute *Passung* hinsichtlich Ihrer Investitionen und der für Sie bestehenden Wichtigkeit? Wo eine schlechte? „Gute Passung" meint, dass Sie in einen Bereich, der Ihnen wichtig ist, gleichzeitig auch viel investieren bzw. in einen Bereich, der Ihnen unwichtig ist, wenig investieren. „Schlecht Passung" bedeutet dagegen, dass Sie in einen Bereich, der Ihnen wichtig ist, nicht viel investieren bzw. in einen Bereich, der Ihnen unwichtig ist, viel investieren.
- Wie könnten Sie gute Passungen festigen und schlechte Passungen verbessern? Welche Verhaltensweisen und Einstellungen könnten hilfreich sein?
- Mit Blick auf Ihre Entscheidungsfindung: Wie passen die Werte, die Sie als wichtige Werte ausgewählt und definiert haben, zu den möglichen Optionen Ihrer Entscheidung? Steht eher eine Entscheidung dafür oder eher eine Entscheidung dagegen mit den für Sie wichtigen Werten im Einklang? Gehen Sie die Werte am besten der Reihe nach durch!
- Wie müssten Sie sich entscheiden, wenn Sie Ihre persönlichen Werte als Orientierungshilfe heranziehen?
- Was müssten Sie als Nächstes – vielleicht direkt heute noch – tun, wenn Sie Ihre persönlichen Werte als Orientierungshilfe heranziehen?

9.2 Werte-Checkliste

Eine weitere Hilfestellung zur Bewusstmachung Ihrer persönlichen Werte kann unsere Werte-Checkliste bieten (in Anlehnung an Miller & Rollnick, 2015; vgl. Seite 86 im Anhang). In der Liste sind unterschiedliche Werte, die für uns Menschen von Bedeutung sein können, aufgeführt. Sie bietet somit die Möglichkeit zur systematischen Betrachtung unterschiedlicher Werte. Dabei ist nicht die genaue Definition der Begriffe wichtig, sondern es kommt darauf an, was Sie unter dem jeweiligen Begriff verstehen.

Übung: Meine Werte-Liste

Gehen Sie bitte zunächst die Liste auf dem „Arbeitsblatt: Werte-Checkliste" durch (vgl. Seite 86 im Anhang) und markieren Sie die für Sie bzw. Ihr Leben wichtigsten 10 bis 15 Werte! Gehen Sie bei Bedarf in zwei Stufen vor: Treffen Sie eine grobe Vorauswahl und wählen Sie im Anschluss davon die für Sie bedeutsamsten Werte aus!

Beantworten Sie im Anschluss die folgenden Fragen:
- An was haben Sie gedacht, als Sie den jeweiligen Wert/Begriff ausgewählt haben?
- Warum ist dieser Wert für Sie so bedeutsam?
- Leben Sie momentan im Einklang mit diesem Wert oder gibt es etwas, was Sie daran hindert?
- Was müsste sich ändern, damit dieser Wert in Ihrem Leben mehr zum Tragen kommt?
- Mit Blick auf Ihre Entscheidungsfindung: Wie passen die Werte, die Sie als wichtige Werte ausgewählt haben, zu den möglichen Optionen Ihrer Entscheidung? Steht eher eine Entscheidung dafür oder eher eine Entscheidung dagegen mit den für Sie wichtigen Werten im Einklang? Gehen Sie die ausgewählten Werte am besten der Reihe nach durch!
- Wie müssten Sie sich entscheiden, wenn Sie Ihre persönlichen Werte als Orientierungshilfe heranziehen?
- Was müssten Sie als Nächstes – vielleicht direkt heute noch – tun, wenn Sie Ihre persönlichen Werte als Orientierungshilfe heranziehen?

9.3 Werte aufdecken durch die Konfrontation mit der Endlichkeit des eigenen Lebens

Durch die Konfrontation mit der Endlichkeit des eigenen Lebens (vgl. auch Kapitel 5.7) können Werte zum Vorschein gebracht werden, die langfristig (z. B. „Wofür möchte ich am Ende meines Lebens gestanden haben?") für uns Menschen von Bedeutung sind. Grundsätzlich steckt dahinter der Gedanke, dass die Konfrontation mit dem eigenen Tod und die damit verbundene Endlichkeit des eigenen Lebens uns Menschen dazu zwingt, Bilanz zu ziehen, und es vermag, uns aufzurütteln.

Ähnlich wie in Kapitel 5.7 empfehlen wir die folgenden Übungen nicht, wenn Ihnen die Vorstellung Ihres eigenen Todes große Probleme bereitet. Sie können diese Übungen bei Bedarf auch gemeinsam mit einer vertrauten Person machen, mit der Sie Ihre Gefühle besprechen können, wenn dies für Sie erleichternd ist.

Eine „klassische" Übung (z. B. Eifert, 2022) ist die imaginative Beschriftung des eigenen Grabsteins. Dabei sollen Äußerung darüber getroffen werden, was das eigene Leben letztlich charakterisiert haben soll. Es geht also um die hypothetische Beantwortung der folgenden Frage: „Was soll am Ende meines Lebens auf meinem Grabstein stehen?"

Übung: Beschriftung meines Grabsteins

Eines Tages wird möglicherweise ein Grabstein auf Ihrem Grab stehen. Die Grabinschrift ist jedoch noch nicht in Stein gemeißelt. Die Worte, die Ihr Leben beschreiben sollen, sind noch nicht eingetragen. Die Frage ist deshalb jetzt: Welche Inschrift hätten Sie gerne auf Ihrem Grabstein? Was möchten Sie dort gerne über Ihre Person lesen? Denken Sie vielleicht an einen Satz oder stichwortartige Angaben, welche die Essenz des Lebens, das Sie führen möchten, widerspiegeln. Woran soll man sich erinnern, wenn man an Sie zurückdenkt? Was hätten Sie gerne mit Ihrer Lebenszeit und Energie angestellt?

Nehmen Sie sich gegebenenfalls etwas Zeit, um über diese Fragen nachzudenken. Wenn Sie eine Antwort – oder auch mehr als eine – finden, dann schreiben Sie diese als Zeilen Ihres Grabsteins auf. Dabei gibt es für die Dinge, an die man sich Ihretwegen erinnern soll, grenzenlose Möglichkeiten.

Und bedenken Sie dabei: Das, woran man denkt, wenn man sich an Sie erinnert, hängt letztlich von Ihnen selbst ab. Es hängt davon ab, was Sie jetzt tun und in Zukunft tun werden. Damit haben Sie selbst durch Ihre Taten Einfluss auf den Wortlaut Ihrer Grabinschrift. Wenn Sie in Richtung der Werte gehen, die Ihnen im Leben wichtig sind, ist es gut möglich, dass man auf Ihrem Grabstein andere Dinge lesen wird als

- „Hier ruht ____ *[Name]:* Er war sein Leben lang mehr mit seiner Arbeit beschäftigt als mit seinen Kindern" oder
- „Hier liegt ____ *[Name]:* Sie verbrachte ihr ganzes Leben mit einem Mann, den sie nicht wirklich liebte, und fand einfach nie den Absprung".

Notieren Sie hier, was Sie gerne über Ihre Person auf Ihrem Grabstein lesen möchten:

Hier ruht: ____

____

____

____

Beantworten Sie, wenn Sie die Übung abgeschlossen haben, die folgenden Fragen:

- Leben Sie momentan im Einklang mit dieser hypothetischen Grabinschrift oder gibt es etwas, was Sie daran hindert?
- Was müsste sich ändern, damit die Essenz dieser Grabinschrift in Ihrem Leben mehr zum Tragen kommt?
- Mit Blick auf Ihre Entscheidungsfindung: Wie passt Ihre Grabinschrift zu den möglichen Optionen Ihrer Entscheidung? Steht eher eine Entscheidung dafür oder eher eine Entscheidung dagegen mit der Grabinschrift im Einklang?
- Wie müssten Sie sich entscheiden, wenn Sie diese hypothetische Grabinschrift als Orientierungshilfe heranziehen?
- Was müssten Sie als Nächstes – vielleicht direkt heute noch – tun, wenn Sie Ihre hypothetische Grabinschrift als Orientierungshilfe heranziehen?

Bei der „Ansprache zum 85. Geburtstag“ und beim „Rückblick aus der Zukunft“ handelt es sich um Abwandlungen der Grabsteinfrage. Bei der Geburtstagsansprache soll die Rede einer wohlgesonnenen Person anlässlich eines relativ hohen Geburtstages (z.B. 85 oder 90 Jahre) imaginiert werden. Falls Sie bereits über 80 Jahre alt sind, können Sie den Zeitpunkt auch weiter nach hinten schieben und sich z.B. Ihren 90. oder 100. Geburtstag vorstellen.

Übung: Ansprache zum 85. Geburtstag

Bitte stellen Sie sich vor, dass Sie heute 85 Jahre alt werden und im Großen und Ganzen zufrieden damit sind, wie Ihr Leben verlaufen ist und wie Sie mit Ihren Schwierigkeiten umgegangen sind. Heute findet Ihre Geburtstagsfeier statt. Überlegen Sie, wie diese Feier aussieht. Wo befinden Sie sich? Wer kommt zu Ihrem Geburtstag?

Stellen Sie sich nun vor, eine Ihnen nahestehende Person sagt einige Worte über Sie, hält also eine kleine Ansprache. Was würden Sie sich wünschen? Wer sollte das sein? Und was sollte die Person über Sie sagen? Möchten Sie, dass noch andere Personen etwas ergänzen?

____

____

____

____

____

Bei der Übung „Rückblick aus der Zukunft“ soll – ähnlich wie bei der Geburtstagsansprache – die Betrachtung des eigenen Lebens aus einem hohen Lebensalter erfolgen. Jedoch erfolgt der Rückblick aus der eigenen Perspektive und nicht über eine andere Person. Es ist dabei durchaus erlaubt, eine gewisse Utopie zu entwerfen, die nicht an allen Stellen realistisch ist. Abbildung 12 zeigt ein Beispiel für einen solchen Lebensrückblick.

Mein Lebensrückblick

Wenn ich jetzt mit 85 Jahren auf mein Leben zurückblicke, muss ich sagen, dass ich sehr zufrieden bin. Das liegt daran, dass ich gesundheitlich und gedanklich bis jetzt ins hohe Alter sehr fit war. Ich kann bis jetzt noch alles selbstständig erledigen, ob im Haushalt oder in der Freizeit. So konnte ich auch immer viel in der Natur sein, ob bei Spaziergängen im Wald oder Gartenarbeiten direkt vor meinem Haus.

Ich habe mit meinem Mann die letzten Jahre in unserem Ruhestand genießen können. Wir haben viele Reisen unternommen und hatten genug Geld, um in der Rentenzeit wie auch in der Arbeitszeit gut leben zu können. Seitdem wir geheiratet haben, haben wir Höhen und Tiefen miteinander gemeistert, die uns noch stärker vereint haben.

Wir haben ein tolles Verhältnis zu unseren drei Kindern, haben immer viel zusammen als Familie unternommen und tun das auch heute noch. Es ist schön, so viel von ihrem Leben mitzubekommen und auch die Enkelkinder aufwachsen zu sehen. Dafür bin ich sehr dankbar.

Meine Arbeit hat mich immer erfüllt, weil ich viel selbstständig entscheiden durfte. Glücklicherweise konnte ich meine tolle langjährige Stelle auch gut mit meiner Familie vereinbaren. Meine Arbeit wurde geschätzt, ob im Beruf oder zu Hause.

Ich bin dankbar für dieses Leben, was ich bis hier haben durfte.

Meine Essenzen hieraus:

- Selbstständigkeit ist mir wichtig.
- Ich mag es, in der Natur zu sein.
- In der Zeit mit meinem Mann möchte ich noch etwas erleben.
- Meine Familie (meine Kinder und potenzielle Enkel) sind für mich von zentraler Bedeutung. Ich möchte Zeit mit ihnen verbringen.
- Arbeit ist nicht unwichtig, aber die Familie steht darüber.

Abbildung 12: Beispiel für einen Rückblick aus der Zukunft

Übung: Mein Rückblick aus der Zukunft

Bitte stellen Sie sich folgende Situation vor: Sie sind 85 Jahre alt und damit in einem Alter, in dem Sie den Großteil Ihres Lebens gelebt haben. Sie sind insgesamt sehr zufrieden damit, wie Ihr Leben bis dahin verlaufen ist und wie Sie Ihre Schwierigkeiten gemeistert haben. Wenn Sie nun auf Ihr Leben zurückblicken, an welchen Punkten machen Sie dann fest, dass Ihr Leben so zufriedenstellend war?

Bitte schreiben Sie Ihre Gedanken, Vorstellungen oder Bilder dieses „gelungenen Lebens“ auf! Nutzen Sie dazu am besten ein separates Blatt Papier. Lassen Sie sich in Ihren Vorstellungen möglichst nicht durch gedankliche Barrieren einschränken, sondern stellen Sie sich vor, dass alles möglich ist! Benutzen Sie dabei bitte die Gegenwartsform und schreiben Sie so, als ob Sie sich tatsächlich gerade in der Situation befinden und viel älter als heute sind!

Beginnen Sie beispielsweise mit den Worten „Ich bin jetzt 85 Jahre alt. Wenn ich rückblickend auf mein Leben schaue, gefällt mir daran vor allem …“ oder „In meinem Alter bin ich sehr zufrieden damit, wie mein Leben verlaufen ist. Das liegt an mehreren Dingen, die ich nun genauer erläutern werde.“

Beantworten Sie anschließend die folgenden Fragen:

- Wenn Sie diesen imaginierten und möglicherweise unrealistischen Lebensrückblick betrachten: Was scheint Ihnen im Leben wirklich wichtig zu sein? Was ist sozusagen die Essenz dieses Lebensrückblicks? Bitte fassen Sie diese Essenz hier in einigen Stichpunkten zusammen:

  ____

  ____

  ____

  ____

- Leben Sie momentan im Einklang mit der Essenz dieses Lebensrückblicks oder gibt es etwas, was Sie daran hindert?
- Was müsste sich ändern, damit die Essenz daraus in Ihrem Leben mehr zum Tragen kommt?
- Mit Blick auf Ihre Entscheidungsfindung: Wie passt die Essenz Ihres Lebensrückblicks zu den möglichen Optionen Ihrer Entscheidung?

Steht eher eine Entscheidung dafür oder eher eine Entscheidung dagegen damit im Einklang?
- Wie müssten Sie sich entscheiden, wenn Sie diesen Lebensrückblick als Orientierungshilfe heranziehen?
- Was müssten Sie als Nächstes – vielleicht direkt heute noch – tun, wenn Sie diesen Lebensrückblick als Orientierungshilfe heranziehen?

9.4 „Gute“ Werte

Studien weisen darauf hin, dass sich gewisse Charakteristika „guter“ Werte benennen lassen. Mit „guten“ Werten meinen wir solche Werte, deren Verfolgen mit höherer Wahrscheinlichkeit zu Wohlbefinden, allgemeiner Lebenszufriedenheit und psychischer Gesundheit führen. Eine Beachtung der hier vorgeschlagenen Punkte, was „gute“ Werte ausmacht, kann demnach möglicherweise ebenfalls hilfreich für eine Entscheidungsfindung sein.

1. Genuss *und* Sinnstiftung

Merke

Es braucht eine gute Mischung aus kurzfristigen Freuden und langfristig Sinnhaftem.

Werte sollten dementsprechend ausbalanciert sein. Ein rein „verkopftes“ Verfolgen langfristiger Werte völlig ohne unmittelbaren Belohnungscharakter ist für Menschen in der Regel nicht ausreichend für ein erfülltes Leben. Der Mensch ist nicht für einen dauerhaften Belohnungsaufschub gemacht. Auf der anderen Seite sind Menschen, die ihr Leben einfach nur dem Spaßhaben verschreiben, weniger glücklich als solche, die ihr Leben auch noch anderen Bedeutungen neben kurzfristigem Lustgewinn bzw. Minimierung von Unlust widmen. Das Streben nach Sinn oder dem Finden einer Bedeutung des eigenen Lebens ist uns eben auch ein Bedürfnis.

2. Soziales Engagement

Merke

Der Mensch braucht (auch) prosoziale Werte.

Weil der Mensch ein soziales Wesen ist, sollte er auch prosoziale Werte verfolgen. Freundlich zu sein, befriedigt das Bedürfnis nach Nähe, Zuneigung und Freundschaft. Wer sich für andere engagiert und hilft, jemandem etwas beibringt oder anderweitig Gutes tut, ist zufriedener als jemand, der dies nicht tut. Ob man sich um seine direkten Angehörigen, Nachbarn, um die Bürger der eigenen Stadt, des Landes oder um die gesamte Menschheit kümmert, ist dabei egal. Wichtig ist jedoch der freiwillige Entschluss dazu, dies zu tun (und nicht, weil man sich z.B. gezwungen fühlt, ein krankes Elternteil zu pflegen). Und wichtig ist, dass man dieses Verhalten um seiner selbst willen zeigt und nicht, um z.B. Anerkennung oder Dankbarkeit dafür zu erhalten.

Manchmal ist es schwierig, einen Kompromiss zwischen völliger Aufopferung für andere und absoluter Abgrenzung zu finden. Mit beiden Extremen wird man – wie so oft – vermutlich nicht glücklich werden. Es kann hilfreich sein, kleinschrittig zu überlegen, wann und wo und bei welchen Personen man sich engagieren möchte.

3. Bedeutung eigener Werte

Merke

Werte, die um ihrer selbst willen verfolgt werden, sind besser als Werte, die durch äußere Faktoren motiviert werden.

Menschen, die Werte um ihrer selbst willen verfolgen wie persönliches Wachstum, Gesundheit, enge Beziehungen und ein wertvolles Mitglied einer Gesellschaft zu sein, erleben mehr Wohlbefinden, Vitalität, Selbstverwirklichung, Zufriedenheit und eine bessere Stimmung. Im Gegensatz dazu scheinen „äußere" Werte (z.B. finanzieller Erfolg, Anerkennung/Ruhm oder das Anstreben eines Schönheitsideals) mit mehr psychischen Problemen verbunden zu sein. Es sollte demnach möglichst wenig darum gehen, was andere denken.

4. Umsetzung im Kleinen und Alltäglichen

Merke

Wertebezogenes Handeln findet (auch und insbesondere) im Kleinen statt.

Wertebezogenes Handeln findet im Kleinen statt. Leistungsdruck ist dementsprechend unnötig und auch nicht hilfreich. Man muss kein einflussreicher Mensch sein, um seine Handlungen nach bestimmten Werten auszurichten. Alltägliche Handlungen können dann einem höheren Zweck zugeordnet werden. So kann z.B. ein Bauarbeiter seine Tätigkeit als „Ich ziehe eine Mauer hoch" oder „Ich baue ein Krankenhaus" einordnen.

10 Ich kann es schaffen: Das Vertrauen in die eigenen Fähigkeiten stärken

Um die eigene Selbstwirksamkeit zu stärken, können unterschiedliche Vorgehensweisen hilfreich sein. Alle zielen im Grunde darauf ab, vorhandene bzw. möglicherweise brachliegende Fähigkeiten und Möglichkeiten bewusst zu machen. Jeder von uns besitzt sogenannte „Ressourcen" (z. B. soziale Kompetenzen, Durchhaltevermögen, durch bestimmte Erfahrungen gesammeltes Wissen, körperliche Stärken), die uns aber nicht immer präsent sind. Um eine Veränderung in Angriff zu nehmen, ist die Wahrnehmung dieser Ressourcen aber von großer Bedeutung (vgl. „Erwartung-Mal-Wert-Modell" in Kapitel 2.4).

10.1 Einschätzung der eigenen Selbstwirksamkeit

Bitte beantworten Sie die folgende Frage, bevor und/oder nachdem Sie die hier unter diesem Kapitel aufgelisteten Aufgaben durchgearbeitet haben:

Übung: Einschätzung der eigenen Selbstwirksamkeit

Auf einer Skala von 0 bis 10, wie überzeugt sind Sie davon, dass Sie die gewünschte Veränderung ausführen können? Bitte kreuzen Sie an!

gar nicht überzeugt — *absolut überzeugt*

0	1	2	3	4	5	6	7	8	9	10

Sofern Sie eine Zahl größer als 0 angekreuzt haben: Was macht die Zahl, die Sie angekreuzt haben, aus? Warum haben Sie nicht „0“ gesagt?

____

____

____

____

Sofern Sie die 0 angekreuzt haben: Was müsste passieren, damit Sie sich für einen höheren Wert entscheiden? Können Sie etwas dafür tun, dass Sie sich für einen höheren Wert entscheiden?

____

____

____

____

10.2 Sich frühere Erfolge und Ausnahmen bewusstmachen

Für viele Aufgaben, die wir möglicherweise als schwierig empfinden und bei denen wir uns vielleicht sogar als unfähig erleben, lassen sich bei genauerer Betrachtung Ausnahmen ausfindig machen. Es gab also schon mal eine erfolgreiche Bewältigung eines Problems oder einer schwierigen Situation, in der Sie so gehandelt haben, wie Sie es sich wünschen.

Wir möchten Sie hiermit einladen, sich mithilfe unserer Leitfragen auf die Suche nach derartigen Ausnahmen bzw. erfolgreichen, früheren Bewältigungsversuchen zu begeben.

Übung: Meine Ausnahmesituationen und erfolgreichen Bewältigungsversuche

1. Wann haben Sie sich durch Ihr Problem weniger oder gar nicht belastet gefühlt? Wann haben Sie sich – wenn auch nur teilweise – so verhalten, wie Sie es gerne möchten? Wann haben Sie in der Vergangenheit bereits einmal eine schwierige Situation gemeistert?

   ___

   ___

   ___

   ___

2. Wo liegt bei dem Beispiel der Unterschied zu Ihrem sonst „normalen" Umgang mit solchen Schwierigkeiten? Wie haben Sie das hinbekommen? Was genau haben Sie also dabei anders gemacht (anderes Verhalten bzw. Handeln)? Inwiefern haben Sie dabei anders gedacht als sonst (anderes Denken bzw. andere Einstellung)?

   ___

   ___

   ___

   ___

3. Wie könnte Ihnen diese Fähigkeit bei der weiteren Verfolgung Ihrer Ziele bzw. bei der Bewältigung Ihrer momentanen Schwierigkeiten helfen? Was können Sie daraus lernen und wie können Sie diesen Aspekt weiter nutzen?

   ___

   ___

   ___

   ___

10.3 Sich Fortschritte bewusstmachen

Wenn Sie bereits etwas weiter im Veränderungsprozess sind und schon an Ihren Schwierigkeiten arbeiten, ist ein ähnliches Vorgehen auch für die Hervorhebung von Fortschritten sinnvoll.

Übung: Meine Fortschritte

1. Welche Fortschritte haben Sie bereits erreicht? Was haben Sie – wenn auch nur in Teilen – bereits so gemacht, wie Sie es gerne weiter machen würden? Welche bereits erzielte(n) Veränderung(en) würden Sie gerne weiter ausbauen?
   Falls es Ihnen schwerfällt, eigene Fortschritte zu benennen: Manchmal ist es dafür hilfreich, eine dritte Person (z. B. einen Freund oder ein Familienmitglied) nach diesen Fortschritten zu befragen.

   ____

   ____

   ____

2. Was haben Sie selbst dazu beigetragen, dass es so gelaufen ist? Wie haben Sie das geschafft? Also was haben Sie im Vergleich zu Ihrem sonst „normalen" Umgang mit solchen Schwierigkeiten konkret anders gemacht (anderes Verhalten bzw. Handeln)? Und inwiefern haben Sie dabei anders gedacht als sonst (anderes Denken bzw. andere Einstellung)?

   ____

   ____

   ____

3. Wie könnten Sie diese Fähigkeit weiter nutzen oder sogar ausbauen? Inwiefern könnte Ihnen dies bei der weiteren Verfolgung Ihrer Ziele bzw. bei der Bewältigung Ihrer momentanen Schwierigkeiten helfen?

   ____

   ____

   ____

10.4 Fokussierung von Stärken und vorhandenen Fähigkeiten

Viele Menschen lenken ihre Aufmerksamkeit immer wieder auf die Dinge im Leben, die sie nicht so „hinbekommen", wie sie es sich wünschen würden. Dies heißt allerdings nicht, dass sie keine Erfolge zu verzeichnen haben oder keine Fähigkeiten aufweisen. Die Wahrnehmung ist lediglich verzerrt, was sich wiederum ungünstig auf die Selbstwirksamkeitserwartung auswirken kann.

Datum	Positives Erlebnis bezüglich meiner Fähigkeiten
Montag, 3. September	Im Büro mittags ein kurzes, sehr persönliches Gespräch mit Birgit in der Teeküche gehabt. Konnte ihr meine Meinung gut verdeutlichen.
Dienstag, 4. September	Das schöne Spätsommer-Wetter auf dem Rückweg von der Arbeit genossen. Mir bewusst eine Pause auf einer Bank in der Sonne genommen.
Mittwoch, 5. September	Mit den Kindern herzlich über ein Ereignis gelacht, das in der Schule passiert ist. Habe mich sehr mit den Kindern gemeinsam freuen können.
Donnerstag, 6. September	Eine gute Anmerkung auf der Arbeit eingebracht, die von den anderen im Team für wichtig erachtet wurde.
Freitag, 7. September	Konnte mich endlich überwinden, eine lange aufgeschobene Aufgabe im Haushalt zu erledigen.
Samstag, 8. September	Leckeres Abendessen für meine Familie gemacht. Hat mir selbst und den anderen gut geschmeckt.
Sonntag, 9. September	Im Internet Karten für ein Theaterstück gebucht, was ich schon länger sehen wollte. Erfülle mir damit einen länger bestehenden, kleinen Wunsch.

Abbildung 13: Beispiel für ein Positiv-Tagebuch

Dieses negative Denken kann durch systematische Beobachtung überwunden werden. Dafür ist es empfehlenswert, alltägliche positive Erlebnisse bezüglich der eigenen Fähigkeiten regelmäßig, z.B. jeweils am Ende eines Tages, zu protokollieren. Dabei sollte die Aufmerksamkeit insbesondere auf der Beobachtung alltäglicher Kompetenzen im Kleinen liegen und nicht auf großen Leistungen oder Erfolgen. Ein solches Positiv-Tagebuch kann als einfache Tabelle gestaltet sein (vgl. Abbildung 13).

Auch eine Sammlung zu eigenen Stärken in Form eines Brainstormings kann der Verzerrung entgegenwirken:

Übung: Kurzes Brainstorming zu eigenen Fähigkeiten

Welche Fähigkeiten/Ressourcen haben Sie? Was denken vielleicht auch andere darüber, was Sie gut können? Haben Sie schon einmal positive Rückmeldungen von anderen Menschen zu Ihren Fähigkeiten oder Ihrem Engagement bekommen? Wenn ja, wozu?

____

____

____

____

____

____

10.5 Keine zu hohen Ziele setzen

Wichtig für die Selbstwirksamkeit ist außerdem, dass die gesetzten Ziele für eine Veränderung auch realisierbar erscheinen (vgl. „Erwartung-Mal-Wert-Modell" in Kapitel 2.4). Utopische Fernziele führen schnell zu Frustration. Um dem entgegenzuwirken, kann die Formulierung von Teilzielen, also das Herunterbrechen eines Ziels auf mehrere Stufen, hilfreich sein. Teilen Sie sich den „Berg" auf, indem Sie sich mehrere Treppenstufen vorstellen, die schrittweise zum Endziel führen (vgl. Abbildung 14).

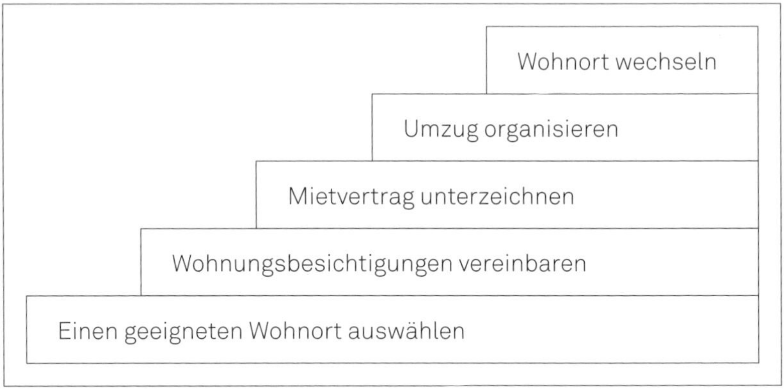

Abbildung 14: Zieltreppe für das Ziel „Wohnort wechseln"

Überlegen Sie sich dafür zunächst, welches Ziel Sie am Ende erreicht haben möchten! Durchdenken Sie dann (ggf. rückwärts, also vom Endziel ausgehend), welche Stufen zur Erreichung dieses Ziels notwendig sind!

Versuchen Sie dabei, die Ziele – wenn möglich – *positiv* zu formulieren, d.h. keine „Ich möchte nicht mehr …"-Formulierungen, sondern durch die Beantwortung der Frage „Wie wäre ich stattdessen?". Überlegen Sie außerdem, wie Sie die Ziele so *konkret* wie möglich auf Ihr Handeln und Denken zuschneiden können (z.B. durch die Beantwortung der Fragen „Was für konkrete Schritte sind dafür notwendig?", „Wie werde ich das tun?", „Was werde ich dafür tun?"). Bedenken Sie, dass Sie nur aktiv an Zielen arbeiten können, die in Ihrem *Einflussbereich* liegen, also ohne, dass z.B. eine andere Person dafür geändert werden muss. Das heißt Sie können am besten sich selbst und alles unmittelbar damit Zusammenhängende ändern.

Abschließende Bemerkung

Wir hoffen, dass wir Sie mit diesem Ratgeber dabei unterstützen konnten, in Ihrer Entscheidung weiterzukommen. Vielleicht ist es Ihnen sogar bereits gelungen, eine nachhaltige Entscheidung zu treffen. Wir wünschen Ihnen alles Gute und viel Kraft für Ihren Weg!

Anhang

Literatur

Atkinson, J.W. (1957). Motivational determinants of risk-taking behavior. *Psychological Review, 64,* 359–372. https://doi.org/10.1037/h0043445

Bandura, A. (1977). Self-efficacy: Toward a unifying theory of behavioral change. *Psychological Review, 84*(2), 191–215. https://doi.org/10.1037/0033-295X.84.2.191

Berking, M. (2017). *Training emotionaler Kompetenzen* (4. Auflage). Heidelberg: Springer. https://doi.org/10.1007/978-3-662-54273-6

Eifert, G.H. (2022). *Akzeptanz- und Commitment-Therapie (ACT)* (Fortschritte der Psychotherapie, 2. Auflage). Göttingen: Hogrefe.

Frankl, V.E. (2006). *Der Mensch vor der Frage nach dem Sinn. Eine Auswahl aus dem Gesamtwerk* (19. Auflage). München: Piper.

Huta, V. & Ryan, R.M. (2010). Pursuing pleasure or virtue: The differential and overlapping well-being benefits of hedonic and eudaimonic motives. *Journal of Happiness Studies, 11*(6), 735–762. https://doi.org/10.1007/s10902-009-9171-4

Miller, W.R. & Rollnick, S. (2015). *Motivierende Gesprächsführung* (3. Auflage). Freiburg im Breisgau: Lambertus.

Prochaska J.O. & DiClemente, C.C. (1984). *The transtheoretical approach. Crossing traditional boundaries of therapy*. Homewood, IL: Dow Jones-Irwin.

Timko, C.A., Eifert, G.H. & Harres, A. (2013). *Akzeptanz- und Commitmenttherapie bei Anorexia nervosa. Ein Leitfaden für die Behandlung mit ACT*. Weinheim: Beltz.

Arbeitsblätter

Arbeitsblatt: Pro-Contra-Liste

	Pro ________________ [Problem]	Contra ________________ [Problem]
kurzfristig		
langfristig		

Arbeitsblatt: Tagesablauf

Tageszeit	Situation	Gedanke	Gefühl	Verhalten
Vormittag				
Mittag				
Nachmittag				
Abend				

Arbeitsblatt: Mögliche Konsequenzen meines Handelns oder Nicht-Handelns

	Welche positiven Folgen hätte diese Entscheidung?	**Welche negativen Folgen hätte diese Entscheidung?**
Entscheidung für die Beibehaltung des Status quo bzw. gegen die Veränderung, nämlich:	1.	2.
Entscheidung gegen die Beibehaltung des Status quo bzw. für die Veränderung, nämlich:	3.	4.

Arbeitsblatt: Lebenskompass

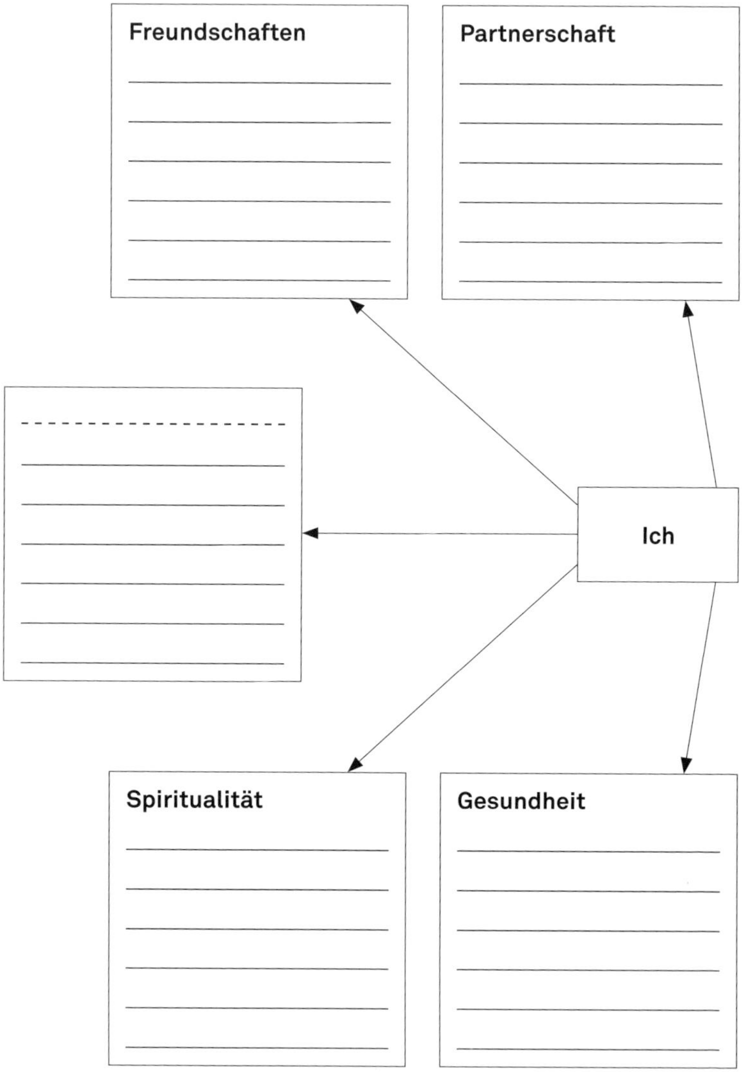

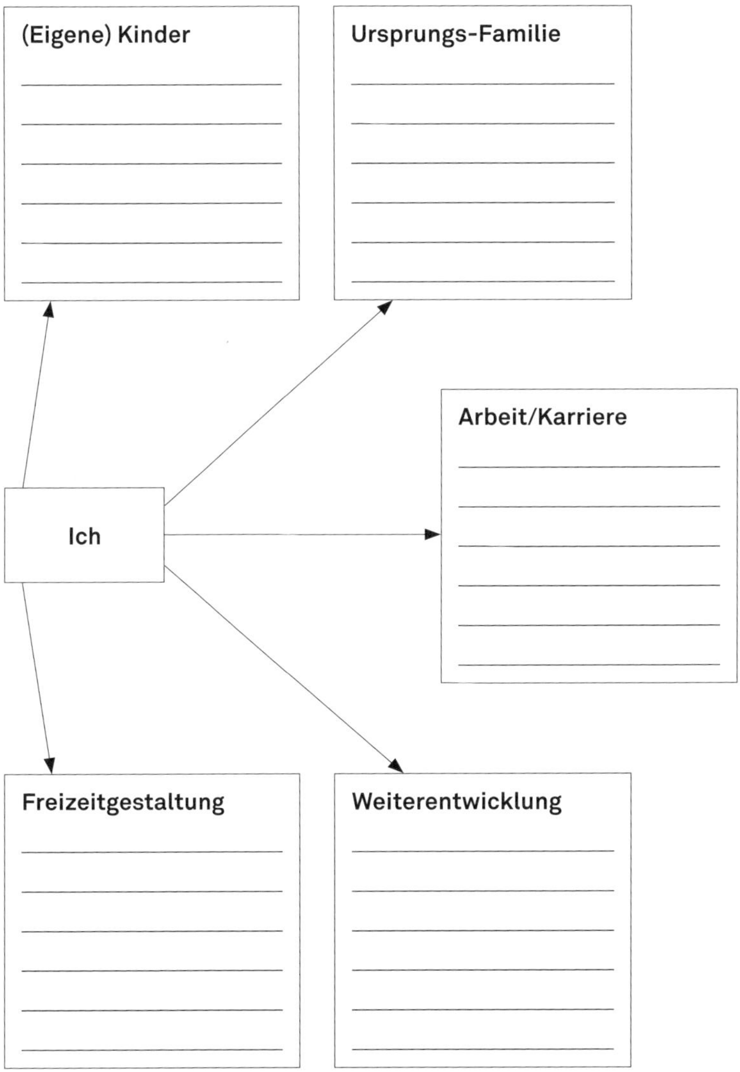
(Eigene) Kinder
Ursprungs-Familie
Arbeit/Karriere
Ich
Freizeitgestaltung
Weiterentwicklung

Arbeitsblatt: Werte-Checkliste (in Anlehnung an Miller & Rollnick, 2015)

- ☐ Abenteuer
- ☐ Abwechslung
- ☐ Achtsamkeit
- ☐ Akzeptanz
- ☐ Attraktivität
- ☐ Autorität
- ☐ Behaglichkeit
- ☐ Belastbarkeit
- ☐ Beliebtheit
- ☐ Beständigkeit
- ☐ Dankbarkeit
- ☐ Demut
- ☐ Ehrlichkeit
- ☐ Einfachheit
- ☐ Erfolg
- ☐ Familie
- ☐ Fantasie
- ☐ Fitness
- ☐ Fleiß
- ☐ Flexibilität
- ☐ Freiheit
- ☐ Freundschaft
- ☐ Führung
- ☐ Fürsorge
- ☐ Genauigkeit
- ☐ Genuss
- ☐ Gerechtigkeit
- ☐ Gesundheit
- ☐ Großzügigkeit
- ☐ Herausforderung
- ☐ Hilfsbereitschaft
- ☐ Hoffnung
- ☐ Höflichkeit
- ☐ Humor
- ☐ Innerer Friede
- ☐ Integrität
- ☐ Intelligenz
- ☐ Interesse
- ☐ Intimität
- ☐ Kompetenz
- ☐ Kompromiss
- ☐ Kooperation
- ☐ Kreativität
- ☐ Kunst
- ☐ Leidenschaftlichkeit
- ☐ Liebe (geben und/oder erfahren)
- ☐ Macht
- ☐ Maßhaltung
- ☐ Mitgefühl
- ☐ Mitwirkung
- ☐ Musik
- ☐ Muße
- ☐ Mut
- ☐ Nonkonformismus
- ☐ Offenheit
- ☐ Ökologie
- ☐ Ordnung
- ☐ Patriotismus
- ☐ Pflichtbewusstsein
- ☐ Pragmatismus
- ☐ Realismus
- ☐ Romantik
- ☐ Ruhm
- ☐ Schönheit
- ☐ Selbstachtung
- ☐ Selbstannahme
- ☐ Selbstbeherrschung
- ☐ Selbsterkenntnis
- ☐ Sexualität
- ☐ Sicherheit
- ☐ Sinnhaftigkeit
- ☐ Sorgfalt
- ☐ Spaß
- ☐ Spiritualität
- ☐ Toleranz
- ☐ Tradition
- ☐ Treue
- ☐ Tugend
- ☐ Unabhängigkeit
- ☐ Verantwortung
- ☐ Vernunft
- ☐ Versöhnlichkeit
- ☐ Vielschichtigkeit
- ☐ Vorsorge

- ☐ Wachstum
- ☐ Wahrhaftigkeit
- ☐ Weltfrieden
- ☐ Wissbegierde
- ☐ Wissen
- ☐ Wohlstand
- ☐ Zielstrebigkeit
- ☐ Zugehörigkeit
- ☐ Zuverlässigkeit
- ☐ ______________________
- ☐ ______________________
- ☐ ______________________